KB253854

환경NGO 활동에 참여하는 지역사회 주민의 만족도에 미치는 영향 분석

-환경운동연합을 중심으로-

환경NGO 활동에 참여하는 지역사회 주민의 만족도에 미치는 영향 분석

-환경운동연합을 중심으로-

고 운 미

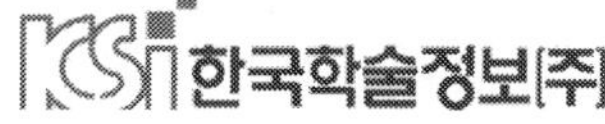
한국학술정보㈜

책머리에

이 연구는 환경NGO 활동에 참여하고 있는 지역사회 주민의 만족도 수준을 측정하고, 참여만족도 수준에 영향을 미치는 요인을 분석하여, 환경NGO 활동 참여만족도 수준을 높이기 위한 방안을 제시하는 데 그 목적이 있다. 이러한 목적을 달성하기 위하여 연구의 대상자는 전국의 환경운동연합 회원들 중 직접적으로 참여하고 있는 성인남녀로 한정하였으며, 질문지와 함께 개별 면접조사를 병행함으로써 이루어졌다.

본 연구에서 사용된 환경NGO 활동 참여만족도의 측정도구는 Moore(1985)의 도구를 중심으로 하여, Francise(1983), 이종혜(2001)의 연구에서 사용한 도구를 수정하여 척도를 구성하였다. 활동관계변인은 활동인식과 활동영역으로, 대인관계변인은 가족지지와 친구지지로, 참여실태변인으로는 참여시간, 참여기간, 참여경로, 참여동기로 구성하였으며, 참여시간, 참여기간, 참여경로는 이종혜(2001)의 도구를 수정하여 구성하였다. 참여동기는 Merriam과 Caffarella(1991)가 제시한 것을 수정하여 외부적 기대, 전문성 함양, 사회적 접촉, 사회적 자극, 지역사회봉사, 지적 흥미로 구분하였다. 개인특성변인으로는 성별, 결혼유무, 연령, 교육수준, 종교, 월평균 가계소득, 직업으로 구성하였다.

본 연구에서 질문지는 전국 환경운동연합 44개의 지부에 300매를 배포하여 230매가 회수되었으며, 이 중 자료선별(data cleaning) 과정을 거쳐 분석에 활용한 자료는 총 211매이었다. 수집된 211매의 질문지는 SPSSWIN 프로그램을 적용하여 빈도와 백분율, 상관관계, t-test, 일원변량분석(ANOVA), 다중회귀분석 기법을 적용하였으며 가설을 검증하기 위한 통계적 유의 수준은 5%로 하였다.

이 연구를 통하여 얻어진 결과를 요약하면 다음과 같다.

1) 조사대상자는 남성 112(53.1%)명, 여성 99(46.9%)명이었고, 결혼유무에 따라 기혼 145(68.7%)명, 미혼 66(31.3%)명이었으며, 연령은 36세 이상에서 45세 이하가 93명(44.1%)으로 가장 많았다. 학력은 대졸 이상이 136명(64.5%)으로 가장 많았고, 종교는 기독교가 73명(34.6%)이었으며, 연평균 가계소득은 300만 원 이상 400만 원 미만이 50명(23.7%)으로 가장 많았고, 직업은 기타 직업이 64명(30.3%)으로 가장 많았다.

2-1) 활동 관련 변인인 활동영역과 활동내용인식은 환경NGO 활동 참여만족도와 1% 수준에서 통계적으로 유의차가 있었다.

2-2) 대인관계변인인 가족지지, 친구지지가 환경NGO 활동 참여만족도와 1% 수준에서 통계적으로 유의차가 있었다.

2-3) 참여실태변인인 참여기간, 참여시간, 참여경로 모두 환경NGO 활동 참여만족도와 1% 수준에서 통계적으로 유의차가 있었다. 그러나 참여동기에 따른 참여만족도는 통계적으로 유의한 차이가 없었다.

2-4) 개인특성변인 중에서는 소득과 직업이 환경NGO 활동 참여만족도와 1% 수준에서 통계적인 유의차가 있었다.

3) 지역사회 주민의 환경NGO 활동 참여만족도 수준에 활동시간, 성별은 통계적으로 5% 수준에서 유의한 상관관계를 나타냈고, 가족지지, 친구지지, 활동내용인식, 활동영역, 가입경로, 소득, 직업은 통계적으로 1% 수준에서 유의한 상관관계를 나타냈다.

4) 본 연구에서 사용된 독립변인들의 종속변인에 대한 영향력을 알아보기 위해 회귀분석을 한 결과 결정계수 R^2값이 0.491(F값: 21.246, p=.000)로 나타났으며, 그중에서 활동인식이 β값 0.488로 가장 큰 영향을 주는 것으로 나타났고, 소득(β=0.222), 가족지지(β=0.215), 결혼유무(β=0.173),

참여기간(β=0.116)순으로 나타났다.

이러한 연구결과를 통하여 지역사회 주민들의 환경NGO 활동 참여만족도를 높이기 위해서 다음과 같은 제언을 하고자 한다.

첫째, 환경NGO는 활동 참여자가 자신의 능력과 적성에 맞는 활동영역을 선택할 수 있도록 하고, 활동내용의 올바른 인식을 위한 홍보와 다양한 프로그램제공을 제공하여, 참여자들이 지속적으로 참여활동을 할 수 있도록 하는 체계적인 관리와

둘째, 환경NGO는 참여자들이 활동하고 있는 데 대한 가족과 친구의 지속적인 관심과 지지를 이끌어 내어야 하고, 참여자들뿐만 아니라 참여자들의 가족, 친구 및 동료들이 같이 참여할 수 있도록 참여방법을 다양화 하며,

셋째, 환경NGO는 활동 참여자들이 단기간 활동이 아니라 지속적으로 참여할 수 있도록 다양한 프로그램을 확보하고, 또한 활동에 있어서 참여자들의 상황을 고려하여 활동시간을 적절히 배정하고, 이들의 참여활동경로도 종교/사회단체, TV 등 언론매체 등을 활발히 이용하여 지역사회 주민들의 자발적인 참여를 촉진해야 할 것이다.

Key Words : 환경NGO, 참여, 만족도

목 차

Ⅰ. 서 론 ·· 15

  1. 연구의 필요성 ·· 15

  2. 연구의 목적 ·· 18

  3. 연구의 가설 ·· 18

  4. 용어의 정의 ·· 20

  5. 연구의 제한 ·· 21

Ⅱ. 이론적 배경 ··· 23

  1. 환경NGO ··· 23

  2. 만족도 관련 이론 ·· 47

  3. 참여만족도 ·· 61

  4. 참여만족도에 미치는 영향요인 ································ 72

Ⅲ. 연구방법 ·· 85

  1. 연구의 설계 ·· 85

  2. 연구의 대상과 표집 ·· 87

  3. 조사도구 ··· 87

  4. 자료의 수집 ·· 95

  5. 자료의 분석 ·· 97

Ⅳ. 연구결과 및 해석 ··· 99

  1. 조사대상자의 일반적 특성 ······································ 99

  2. 활동관계변인과 환경NGO 활동 참여만족도 ················ 110

3. 대인관계변인과 환경NGO 활동 참여만족도 ······················ 113

4. 참여행태변인과 환경NGO 활동 참여만족도 ······················ 115

5. 개인적 특성에 따른 환경NGO 활동 참여만족도 ················ 122

6. 환경NGO 활동 참여만족도와 관련 변인의 설명력 ·············· 129

7. 논 의 ·· 135

Ⅴ. 요약, 결론 및 제언 ·· 139

1. 요 약 ·· 139

2. 결 론 ·· 142

3. 제 언 ·· 143

참고문헌 ·· 147

질 문 지 ·· 163

표 목차

〈표 Ⅱ-1〉 여러 학자 및 단체들이 제시한 NGO의 특성 ································ 28

〈표 Ⅱ-2〉 각국 환경NGO의 종합적 비교 ······································· 40

〈표 Ⅱ-3〉 선행연구에서의 만족도 관련 변인들 ·································· 71

〈표 Ⅲ-1〉 참여동기 유형과 세부사항 ·· 92

〈표 Ⅲ-2〉 측정도구 및 내용, 변인별 신뢰도 ··································· 94

〈표 Ⅲ-3〉 질문지 배포 및 분석률 ··· 96

〈표 Ⅲ-4〉 연구가설에 따른 분석방법 ·· 98

〈표 Ⅳ-1〉 조사대상자의 일반적 특성 ·· 100

〈표 Ⅳ-2〉 환경NGO 참여만족도 수준의 점수 분포 ······················ 101

〈표 Ⅳ-3〉 환경NGO 활동영역 ·· 102

〈표 Ⅳ-4〉 환경NGO 활동내용인식 수준 ······································ 103

〈표 Ⅳ-5〉 환경NGO 활동 지지 분포 ··· 104

〈표 Ⅳ-6〉 환경NGO 활동 참여기간 ·· 105

〈표 Ⅳ-7〉 환경NGO 활동 참여시간 ·· 106

〈표 Ⅳ-8〉 환경NGO 활동 참여경로 ·· 106

〈표 Ⅳ-9〉 환경NGO 활동 참여동기 유형 ···································· 107

〈표 Ⅳ-10〉 환경NGO 활동 참여만족도와 영향요인 간의 상관관계 ········· 109

〈표 Ⅳ-11〉 활동영역에 따른 환경NGO 참여만족도 ······················· 110

〈표 Ⅳ-12〉 활동내용인식에 따른 환경NGO 참여만족도 ··················· 112

〈표 Ⅳ-13〉 활동지지에 따른 환경NGO 활동 참여만족도 ·················· 114

〈표 Ⅳ-14〉 참여기간에 따른 환경NGO 참여만족도 ······················· 116

〈표 Ⅳ-15〉 참여시간에 따른 환경NGO 참여만족도 ······················· 118

〈표 Ⅳ-16〉 참여경로에 따른 환경NGO 참여만족도 ·················· 119

〈표 Ⅳ-17〉 참여동기 유형에 따른 환경NGO 활동 참여만족도 ·················· 120

〈표 Ⅳ-18〉 성별에 따른 환경NGO 활동 참여만족도 ·················· 122

〈표 Ⅳ-19〉 결혼유무에 따른 환경NGO 활동 참여만족도 ·················· 123

〈표 Ⅳ-20〉 연령에 따른 환경NGO 활동 참여만족도 ·················· 124

〈표 Ⅳ-21〉 교육수준에 따른 환경NGO 활동 참여만족도 ·················· 125

〈표 Ⅳ-22〉 종교에 따른 환경NGO 활동 참여만족도 ·················· 125

〈표 Ⅳ-23〉 소득에 따른 환경NGO 활동 참여만족도 ·················· 126

〈표 Ⅳ-24〉 직업에 따른 환경NGO 활동 참여만족도 ·················· 128

〈표 Ⅳ-25〉 독립변인과 참여만족도 간의 다중회귀분석 ·················· 132

그림 목차

〈그림 1〉 정부, 기업, 주민, 환경NGO의 위치와 관계모형 ······························ 30

〈그림 2〉 형평성 모형 ··· 53

〈그림 3〉 업무만족 모형 ·· 56

〈그림 4〉 국면만족 모형 ·· 58

〈그림 5〉 일 적응 모형 ··· 61

〈그림 6〉 기대/불일치 모형 ·· 66

〈그림 7〉 연구의 모형 ··· 86

I. 서 론

1. 연구의 필요성

우리 사회가 건전하게 발전하기 위해서는 소득분배의 형평성 제고, 부정부패의 추방, 복지 및 환경문제의 개선, 소외계층 권익신장 등 사회의 전반적인 문제 해결을 위한 참여민주주의의 정착이 절실히 요구된다. 이러한 이유로 환경, 소비자 보호, 여성, 노동자, 농민, 소외계층 등의 입장을 대변할 수 있는 비정부조직(NGO: Non-Governmental Organization)의 역할이 더욱 중요하게 되었다.

특히 우리 사회는 과거의 억압과 통제에서 벗어나 보다 민주적이고 자율적인 시민사회로 탈바꿈하고 있다. 이는, 시민의, 시민에 의한, 시민을 위한 이념을 가진 시민중심적인 사회로서 폭력적·억압적 사회로부터 자율적·다원적 사회에로의 전환을 의미한다. 사회구조가 다양화, 전문화, 세분화되어감에 따라 NGO 활동 또한 성격이 다양해지고 사회적 인식의 저변이 확산되면서 그의 영향력이 차츰 확대되어 민주화에 따른 참여와 사회적 욕구를 대변하게 되었다. 이에 따라 시민단체의 중요성을 인정하게 되었고, 다양한 사회적 쟁점이나 전 지구적 과제에 대한 시민사회의 요구도 증대되어 시민단체의 활동영역도 확장되고 있다.

이러한 시민단체의 활동영역이 다양해짐에 따라 환경에 대한 관심을 갖게 되었고 이러한 관심은 환경오염의 문제에서 점차 일상 생활환경의 문제, 생태환경의 문제, 그리고 이의 정치적 해결에 대한 관심으로 옮겨졌다. 또 환경문제를 해결하고자 하는 주민들의 동기, 태도, 문제의식, 조직화 방식

등에 따라 그 정도와 효과가 다를 뿐 아니라, 주민들의 계층적인 구성, 생활양식, 생활환경의 차이에 따라 참여는 여러 가지 형태와 수준으로 나타난다. 지역사회 주민들이 참여할 수 있는 영역은 넓고 다양하지만 현실적으로 개별 지역주민이 직접적·적극적으로 참여하는 것은 결코 용이한 일이 아니다. 환경문제에 있어서 사안의 성격과 형태에 따라 주민들이 개별적으로 참여할 수 있는 여지가 있는 것도 있겠지만, 다양한 조직에 직·간접적으로 참여하는 것이 보다 효과적이다(박이문 외 19인, 1998).

위와 같은 역할을 담당할 조직이 바로 환경NGO라 할 수 있다. 환경NGO는 경제논리에 의해 희생되는 환경을 보전하고 수호할 새로운 세력으로, 지역주민들이 인식하는 환경문제를 적극적으로 쟁점화하여 주민들의 환경 자의식과 실천활동을 불러내는 동시에, 공공 부문에 대해서 주민들의 생활환경을 제약하는 환경문제의 쟁점을 분명히 부각시켜 공공 환경행정의 기제를 통해 해결할 수 있도록 자극함으로써 지역 환경행정과 지역주민의 참여적 노력이 만날 수 있도록 해주는 역할을 수행한다고 할 수 있다.

따라서 환경NGO는 지역주민이 환경NGO에 자발적으로 참여함으로써 지역주민으로 하여금 자신의 지역사회가 환경친화적으로 발전할 수 있도록 함과 동시에 풀뿌리 민주주의를 정착화하여 지역사회 환경복지 증진에 기여하고 친환경적 지역사회발전을 가져오게 해야 할 것이며, 또한 지역주민들의 일상적이고 분산적이며 비제도적인 환경실천 행동을 지속적이고 집중적이며 제도적인 환경개선 행동으로 이끌어내는 매개자 역할을 수행하고 있다.

이렇게 환경NGO의 역할이 증대되고 있는 가운데 환경NGO에 대한 기존의 연구들은 일반 현황조사 및 환경문제에서의 NGO의 역할제고 정도의 연구수준에 머무르고 있다. 특히 환경문제 해결에 있어서 NGO의 역할(김종순, 1995, 1999), 환경NGO의 역할 활성화 방안(김항곤·소재진, 2000), 환경NGO의 활동과 그에 따른 정부의 환경정책 결정에 미친 영향 연구(엄운섭, 2000), 환경NGO의 외국 실태비교 연구(김병진·소재진, 2001) 등 소수에 그치고 있다.

이뿐만 아니라, 사회·경제·문화수준이 높아지고 시민들의 환경에 대한 관심이 다양해지면서 환경NGO의 활동이 과거보다 활발하게 이루어지고 있음에도 불구하고, 참여자는 여전히 소수이며 환경NGO에 가입하여 지속적으로 참여하는 것 또한 제대로 이루어지고 있지 못한 실정이다(권해수, 1999: 344; 김종순, 1999: 86; 김항곤·소재진, 2000: 233; 엄운섭, 2000: 134).

이러한 점에서 볼 때, 환경NGO에 지역사회 주민이 자발적으로 참여해서 활동을 지속하도록 하기 위한 전략수립이 필요하고, 이러한 전략을 통해 환경NGO를 활성화시킬 수 있는 방안을 수립하는 일은 매우 중요하다. 그러기 위해서는 우선, 환경NGO 활동에 참여하고 있는 사람들의 참여만족도 수준이 어느 정도인지의 파악은 물론 참여만족도를 높이기 위한 방안을 모색해야 한다. 참여활동에 만족한다고 해서 반드시 지속적으로 활동에 참여하는 것은 아니지만, 일반적으로 활동에 대해 만족하게 되면 활동을 지속하게 되리라고 볼 수 있다(김상욱, 1990). 이에, 환경NGO 활동에 참여하는 이들의 만족도를 측정하고 만족도에 영향을 미치는 변인을 밝히는 것은 지속적인 활동을 유도할 수 있는 근거를 제공하고, 그들의 참여활동을 활성화시키며 새로운 참여자 창출에 필요한 기초적인 자료를 제공해 줄 수 있다. 또한 환경NGO 활동에 참여하는 지역사회 주민들의 참여만족도는 활동의 효과를 측정하기 위해서뿐만 아니라 참여자들을 관리하기 위한 측면에서도 중요한 의미를 가진다.

따라서 이 연구를 통해 환경NGO 활동 참여자들의 만족도 수준을 파악하고, 이에 영향을 미치는 요인들을 찾아내어 만족도를 높일 수 있는 방안을 모색하는 일은 환경NGO가 활동 참여자들의 만족도를 높이기 위한 자체적 노력과 궁극적으로 지속적인 참여를 창출하기 위한 기초 자료로 활용될 수 있을 것이다.

2. 연구의 목적

이 연구의 목적은 환경NGO 활동에 참여하는 지역사회 주민들의 만족도와 관련된 변인들을 추출하여 그 관계를 구명하고, 참여만족도를 높이는 방안을 모색하는 데 있다. 이를 위한 세부적인 목표는 다음과 같다.

첫째, 환경NGO 활동 참여자들의 참여만족도 수준을 구명한다.
둘째, 환경NGO 활동 참여만족도와 관련된 변인들을 구명한다.
　가. 활동관계변인에 따른 참여만족도의 차이를 구명한다.
　나. 대인관계변인에 따른 참여만족도의 차이를 구명한다.
　다. 참여행태변인에 따른 참여만족도의 차이를 구명한다.
　라. 개인적 특성변인에 따른 참여만족도의 차이를 구명한다.
셋째, 환경NGO 활동 참여만족도를 높이기 위한 방안을 제시한다.

3. 연구의 가설

이 연구의 목적을 달성하기 위하여 다음과 같은 연구가설을 설정하였다.

1) 환경NGO 활동에 참여하고 있는 지역사회 주민의 참여만족도는 활동관계변인에 따라 차이가 없을 것이다.
　1-1) 환경NGO 활동에 참여하고 있는 지역사회 주민의 참여만족도는 활동영역에 따라 차이가 없을 것이다.
　1-2) 환경NGO 활동에 참여하고 있는 지역사회 주민의 참여만족도는

활동인식에 따라 차이가 없을 것이다.

2) 환경NGO 활동에 참여하고 있는 지역사회 주민의 참여만족도는 대인 관계변인에 따라 차이가 없을 것이다.

  2-1) 환경NGO 활동에 참여하고 있는 지역사회 주민의 참여만족도는 가족지지에 따라 차이가 없을 것이다.

  2-2) 환경NGO 활동에 참여하고 있는 지역사회 주민의 참여만족도는 친구지지에 따라 차이가 없을 것이다.

3) 환경NGO 활동에 참여하고 있는 지역사회 주민의 참여만족도는 참여 행태에 따라 차이가 없을 것이다.

  3-1) 환경NGO 활동에 참여하고 있는 지역사회 주민의 참여만족도는 참여기간에 따라 차이가 없을 것이다.

  3-2) 환경NGO 활동에 참여하고 있는 지역사회 주민의 참여만족도는 참여시간에 따라 차이가 없을 것이다.

  3-3) 환경NGO 활동에 참여하고 있는 지역사회 주민의 참여만족도는 참여경로에 따라 차이가 없을 것이다.

  3-4) 환경NGO 활동에 참여하고 있는 지역사회 주민의 참여만족도는 참여동기 유형에 따라 차이가 없을 것이다.

4) 지역사회 주민의 환경NGO 활동 참여만족도는 개인적 특성에 따라 차이가 없을 것이다.

  4-1) 지역사회 주민의 환경NGO 활동 참여만족도는 성별에 따라 차이가 없을 것이다.

  4-2) 지역사회 주민의 환경NGO 활동 참여만족도는 결혼유무에 따라 차이가 없을 것이다.

  4-3) 지역사회 주민의 환경NGO 활동 참여만족도는 연령에 따라 차이가 없을 것이다.

4-4) 지역사회 주민의 환경NGO 활동 참여만족도는 교육수준에 따라 차이가 없을 것이다.

4-5) 지역사회 주민의 환경NGO 활동 참여만족도는 종교에 따라 차이가 없을 것이다.

4-6) 지역사회 주민의 환경NGO 활동 참여만족도는 소득에 따라 차이가 없을 것이다.

4-7) 지역사회 주민의 환경NGO 활동 참여만족도는 직업에 따라 차이가 없을 것이다.

4. 용어의 정의

1) 환경NGO 활동 참여

환경NGO는 환경문제에 대한 보다 광범위한 지역사회 주민의 욕구와 이익을 대변하기 위해 시민사회 영역에서 자발적이고 자생적으로 생겨난 조직으로 환경교육 및 환경프로그램, 환경보전활동을 조직적이고 전문적으로 전개하는 집단으로, 이 연구에서의 환경NGO 활동 참여는 환경운동연합에서 실시하고 있는 총체적인 활동에 직접적으로 참여하는 것을 의미한다.

2) 참여동기

참여동기는 환경NGO의 참여자들이 일정한 행동을 하도록 하는 공감되는 감정, 행동을 활성화시키는 내적인 상태로, 이 연구에서는 전문성 함양,

외부적 기대, 사회적 접촉, 사회적 자극, 지역사회봉사, 지적 흥미로 분류하여 개발된 척도에 반응한 점수를 말한다.

3) 참여만족도

참여만족도는 환경NGO가 가지고 있는 프로그램들을 통해 환경NGO 활동 참여자들의 기대가 얼마나 충족되었는지를 의미하는데, 참여만족도 수준의 측정내용은 참여를 통한 새로운 경험, 타인 및 지역사회에의 기여, 여가선용 및 개인성장, 소속감, 성취감, 잠재능력 확인, 삶에 대한 긍정적 효과와, 환경NGO 실무자들과의 관계 등으로 구분된 척도에 반응한 점수를 의미한다.

5. 연구의 제한

환경NGO마다 지향점과 나름대로의 특성을 가지고 있음에도 불구하고 이 연구에서는 연구의 대상을 환경운동연합의 활동 회원으로 한정하였기 때문에 이 연구의 결과를 모든 환경NGO로 일반화 하는 데에는 제한이 있을 수 있다.

Ⅱ. 이론적 배경

1. 환경NGO(Environmental Non-Governmental Organization)

1) NGO의 개념과 특성

(1) NGO의 개념

NGO는 순수 민간단체로서 시민들이 자발적·자율적·자치적으로 조직하고 운영하는 기구를 말하며, 공공 부문으로부터 독립되어 있으면서도 공공 부문에 대해 시민들의 의견과 입장을 전달하고 표방하며 때로는 압력을 가하는 역할을 한다. 그러면서 역으로 공공 부문이 수행하는 각종 정책 입안 및 집행에 직·간접적으로 참여하여 사업 효과를 시민 입장에서 극대화하는 쪽으로 유도해내는 역할을 수행한다(박이문 외 19인, 1998: 241).

NGO의 행동영역 및 관심 분야는 규모가 크고, 경직되고, 관료적이며, 상하관계를 중요시하는 그리고 지역사회의 공공적 필요를 쉽게 파악하지 못하는 정부기능과의 비교 또는 대체적인 것으로, NGO의 이러한 대체적인 기능은 정부조직에 비해 비효율성이 적고, 다양한 기호를 충족시키기 위해서 차별화된 틈새시장에 효과적으로 진출할 수 있으며, 정치적인 간섭을 줄여 일정 수준의 서비스 질을 유지할 수 있는 장점이 있다.

NGO는 비정부·비정파·비영리 결사체로서, 시민들의 자발적이고 능동적인 참여로 이루어지고 자원주의에 입각하여 회원의 직접적인 수혜와 관

24

계없이 공익추구를 목적으로 하는 조직체(박상필, 1999b)이고, 또한 NGO 는 집합적인 서비스를 생산하며 기존의 시장 및 공공 부문과 독립된 자발 성이 강한 민간기구이며(김준기, 1999b), 정치권력이 행사되는 국가영역과 경제적 이익을 추구하는 시장의 영역이 아닌 공공 영역에서 사회적 변화나 개혁을 목적으로 활동하는 자발적인 결사체들이며(신광영, 1999), 따라서 NGO는 자율성과 신뢰성을 바탕으로 정부·시장영역과는 독립되어 있으며, 자발적인 참여자를 중심으로 공익의 증진과 보호를 목적으로 하는 공식적 조직 또는 결사체라고 정의할 수 있다(김병진·이홍가, 2000: 156).

김영래(1998)는 NGO에 대한 정의를 첫째, 비정부(non-governmental), 비국가(non-state)적, 비당파적(non parisian) 행위자(actor)이며, 둘째, 개인 들의 자발적 참여에 의하여 활동하는 비영리조직(Non-profit organization) 이고, 셋째, NGO들이 추구하는 목표 달성을 위하여 압력단체(pressure group)로서의 성격을 지니고 있으며, 넷째, 시민사회(civil society)가 주축이 되어 인간의 기본적인 삶과 관련된 활동을 하고 있으며, 다섯째, 풀뿌리 (grassroots) 조직의 성격을 가지며 또한 자율성과 독립성을 가진다.

이러한 NGO는 자원조직(voluntary organization)의 개념으로 이해하면서, 기본적으로 이상형(ideal type)에 관한 표명이 될 수밖에 없으며, 이런 이 상형의 주요 요소들은 그 조직이 헌법상 정부로부터 독립된 공식적 조직 이어야 하며 자치적이어야 하고, 비영리적이며 공익성을 지녀야 한다 (Brenton, 1985). 또한 비영리조직은 첫째, 국가에 의해 그들에 위임된 공공 사업을 수행하는 목적, 둘째, 국가 혹은 영리기업들이 나서서 성취하려고 하 지 않는 어떤 욕구를 충족시키기 위한 공공사업을 수행하는 목적, 셋째, 국가, 영리섹터 혹은 다른 비영리조직들의 정책방향에 영향력을 행사하는 목적 중 어느 하나에 관련해서 활동하는 개인들의 조직체라 할 수 있다(Hall, 1987).

한편 세계은행(World Bank)은 NGO를 사람들의 고통을 감면시켜주고,

빈곤층의 이해증진, 환경보존, 기초 사회서비스 제공, 혹은 지역사회개발 등의 활동을 추구하는 사적 단체들이라 하였다. 넓은 의미에서 NGO 용어는 정부로부터 독립적인 비영리단체(non-profit organization)에도 적용될 수 있다. 전형적인 NGO는 전적으로 혹은 부분적으로 자선적 기부와 자발적 봉사에 의존하는 가치기초적인 단체라고 하고 있다.

위에서 살펴본 NGO에 대한 정의를 종합하여 세 가지 측면 첫째, 범주적 측면, 둘째, 조직적 측면, 마지막으로 활동적 측면으로 구분하여 정의할 수 있다. 먼저, 범주적 측면에서 NGO는 비정부 또는 비국가 조직체(non-state actor)로 자발성(voluntarism)을 바탕으로 비영리(non-profit)적인 집단이나 조직 또는 결사체, 기구나 단체, 그리고 운동세력을 포괄한다. 둘째, 조직적 측면에서 NGO는 공식조직(formal organization)의 성격을 지닌다. 즉 NGO는 임시기구가 아니라 조직을 구성하는 개별 성원들이 비영리의 특정목적을 공유하면서 그들 간의 관계를 유지하고 발전시키기 위한 내부구조와 규칙을 지녀야 한다. 셋째, 활동적 측면에서 NGO는 외형상 사적 시민단체이지만, 추구하는 목적이나 활동영역의 측면에서 공적이며 공익적인 성격을 띤다고 할 수 있다. 이러한 정의 속에 내포되어 있는 NGO의 특성을 살펴보면 다음과 같다.

(2) NGO의 특성

NGO의 개념에 매우 다양한 조직들이 포함되어 있으며 이에 따라 NGO의 특성들 또한 다양하게 내포되어 있다. 이와 관련하여 Salamon(1995)은 NGO의 특성을 공식성, 비정부성(non-governmental), 이윤 배분금지, 자기통치성(self-governing), 자발성(voluntary), 공익성으로 들고 있다. 또한 김광식(1999)은 바람직한 NGO가 갖추어야 할 조건으로 첫째, 자율적인 시민사회를 만드는 NGO, 둘째, 긍정적이고 적극적인 역할을 모색하는 NGO, 셋째, 지역에 뿌리를 내리는 NGO, 넷째, 경영체제를 갖고 있는 NGO, 다섯째, 사명감 있는 실무자들이 있는 NGO, 여섯째, 협동과 민주주의가 있는 NGO, 일곱째, 비전과 목표가 뚜렷한 NGO, 여덟째, 인력 양성에 노력하는 NGO, 아홉째, 지방의제(local agenda)를 개발하는 NGO, 그리고 마지막으로 좋은 프로그램을 갖고 있는 NGO, 국제적 수준의 NGO를 들고 있다. 금장수(2001) 또한 NGO 활동의 원천은 공공성, 자발성, 다원성, 연대성에 있다고 하였다.

이와 같은 NGO의 특성은 다음과 같이 설명할 수 있다.

첫째, NGO는 자발성(voluntarism)이다(금장수, 2001; 김병진·이홍가, 2000; 신광영, 1999; 임승빈, 1999; 김준기, 1998; 공보처, 1997; World Bank, 2002; Salamon & Anheier, 1996; Kramer et al., 1993; Karten, 1990; OECD, 1988; UN, 1980). NGO는 조직의 활동이나 경영에 있어서 인적·물적 자원을 통하여 자발적인 참여 즉, 강제성 없이 스스로 원하는 시민들로부터 시간, 재원, 자문 등의 기부행위와 자발적 참여가 이루어져야 한다.

둘째, 독립성(independence)이다(김병진·이홍가, 2000; 김영래, 1998; 김태영, 1998; World Bank, 2002; Brenton, 1985). 독립성은 정부로부터 재정적 지원을 받는다 하더라도 그 조직은 민간주도로 설립되고 그 운영에 있어 정부로부터 자율적이어야 한다는 의미이다.

셋째, 비영리성(non-profit) 조직이다(김광식, 1999; 신광영, 1999; 임승빈, 1999; 김준기, 1998; 김태영, 1998; 차명제, 1998a; 공보처, 1997; World Bank, 2002; Salamon & Anheier, 1996; Kramer et al., 1993; Karten, 1990; Brenton, 1985; Gorman, 1984; UN, 1980). NGO들은 경제적인 이익(economic interest)을 추구하지 않는다. 이는 조직의 활동으로

인해 생긴 이득을 당해 조직의 소유자, 대표자 또는 회원들에게 배분하지 않으며 다시 비영리 활동에 재투자해야 한다는 것을 의미하며, 수익사업을 하되 그 이익을 배분하지 않는다는 것을 의미한다.

넷째, NGO는 비정치적·비당파적인 성격을 지닌 조직체이다(김병진·이홍가, 2000; 김광식, 1999; 임승빈, 1999; 김영래, 1998; 김준기, 1998; 공보처, 1997; Brenton, 1985; UN, 1980). NGO는 특정 정치집단이나 정당의 정책을 지원하기 위한 것이 아니고 불특정 다수를 위한 공공선을 추구하기 때문에 특정 이데올로기의 보급을 목표로 하는 정당과는 구별된다.

다섯째, 공식성이다(임승빈, 1999; Salamon & Anheier, 1996; Karten, 1990; OECD, 1988; Brenton, 1985; UN, 1980). 조직적인 측면에서 NGO는 공식적인 구성원, 재정과 관련된 규정, 조직을 갖추고 정기적으로 활동하는 것을 특징으로 한다.

여섯째, 공익성이다(금장수, 2001; 김광식, 1999; 임승빈, 1999; 차명제, 1998a; Kramer et al., 1993; Lohmann, 1992; Karten, 1990; Brenton, 1985; UN, 1980). 불특정 다수의 이익에 봉사하고 기여해야 하는 것으로, 공공 영역에서 사회적 변화나 개혁을 목적으로 하는 공유된 이익을 추구하는 시민사회단체여야 한다.

지금까지 언급한 학자와 단체들이 제시한 NGO의 특성을 요약하면 〈표 Ⅱ-1〉과 같다.

<표 Ⅱ-1> 여러 학자 및 단체들이 제시한 NGO의 특성

구 분	NGO의 특성
UN(1980)	①비정부·비국가, ②자발성(voluntary), ③비영리적 집단 및 결사체, 운동세력 포함, ④공식성, ⑤공익성
Gorman(1984)	①비정부성(non-governmental) ②비영리성, ③면세혜택, ④구호와 개발에 필요한 해외 서비스 제공
Brenton(1985)	①공식성, ②정부로부터의 독립성, ③공익성, ④자치성(self-govering), ⑤비영리성
OECD(1988)	①공식성, ②인도주의성, ③시민들의 설립 및 운영, ④자발성, ⑤영리조직과 비영리조직 포함
Karten(1990)	①자발성, ②공익성, ③비영리성, ④자족성
Lohmann(1992)	①공공선을 위한 목적, ②조직화된 참여, ③자원의 공유, ④상호 호혜적 관계(reciprocal relations)
Kramer et al. (1993)	①비영리성, ②다양한 수입원, ③복합적인 목적, ④다원적 지지층, ⑤자발성, ⑥서비스 제공 및 권익옹호
Salamon(1994)	①자주성, ②공식성, ③자주관리성, ④민간조직, ⑤비당파성, ⑥공익성, ⑦비영리성
Salamon & Anheier(1996)	①공식성, ②비정부성, ③이윤배분의 금지, ④자치성, ⑤자발성, ⑥비종교성, ⑦비정치성
World Bank(2002)	①정부로부터의 독립성, ②비영리성, ③인도주의성, ④자선적 기부, ⑤자발적 봉사
공보처(1997)	①비정당성, ②비영리성, ③자발성, ④자율성
김영래(1998)	①독립성, ②자율성, ③비정치성, ④비당파성, ⑤ 자발성
김태영(1998)	①정부로부터의 독립성, ②이윤배분 금지의 원칙, ③자발성
차명제(1998a)	①자치성, ②민간조직, ③비영리성, ④소외계층의 삶의 질 향상과 인류의 보편적 가치추구 실현을 위한 활동 조직
김광식(1999)	①비정부, ②비영리, ③공익성, ④인간가치옹호
김준기(1999b)	①법인성, ②자발성, ③비국가성, ④비영리성
박상필(1999b)	①자주성, ②공개성, ③비판성, ④공공성
신광영(1999)	①사회운동차원의 활동, ②자발성, ③비영리성, ④민간결사체의 성격
임승빈(1999)	①공식성, ②비영리성(non-profit), ③자발성, ④비정치성, ⑤특정종교전파활동이 아니며, ⑥친목이 아닌 사회공익기여를 주목적으로 하는 단체
김남규(2000)	①공익성, ②자발성, ③비정부성, ④비영리성
김병진·이홍가 (2000)	①독립성, ②이윤배분 금지의 원칙, ③자발성, ④비정파성, ⑤공식성
금장수(2001)	①공공성, ②자발성, ③다원성, ④연대성

2) 환경NGO의 개념

환경영역에 있어 NGO들은 그 기능과 활동에 따라 매우 다양하고 때때로 상호 연관을 맺으며 활동한다. 우선 NGO의 사전적인 의미는 '정부조직이 아닌 모든 민간단체나 조직을 포함하는 것'이라 할 수 있으나, 일반적으로 '비영리기구로서 권력과 이윤을 추구하지 않는 대신 인간의 가치를 옹호하며 시민사회의 공공선을 지향하며 시민사회에서 활동하고 있는 시민사회단체'를 의미한다. 이런 NGO 중에 환경 관련 민간단체를 환경NGO라 한다. 환경NGO는 환경 관련 분야에서 정부기관이나 기업에 종속되지 않고 그들의 영역 밖에서 독자적으로 활동하며, 공공의 이해관계나 관심을 가진 개인들이 그들의 관심이나 요구를 사적인 수준이 아닌 공공 영역에서 집단적이고 조직적인 차원에서 구체화시키고 실현하기 위해 조직된 단체라 할 수 있다.

환경NGO는 당면한 환경문제의 해결을 목적으로 자발적으로 결성된 조직으로서 시민적 정당성에 의해 그 존재가치를 인정받아야 한다. 일반적으로 환경NGO는 '경제성장 우선론'에 대해 '환경보전 우선론'을 추구한다. 지속가능한 발전의 개념에 대해서 그것을 부정하지는 않으나 '발전'보다는 '지속가능성'에 더 큰 비중을 두고 있다(엄운섭, 2000: 116; 김대희, 1998: 26-29; 이필렬 외 6인, 1997: 278).

이러한 환경NGO는 정부와 국민, 그리고 기업을 연결하는 중간조직으로서 지역사회 주민들의 환경문제에 대한 요구를 정부에 전달하고 환경정책 결정과정에 비판과 협력을 통해 참여하고, 기업의 환경오염물질 배출 등을 감시하는 역할을 수행한다. 또한 환경NGO는 지역사회 주민들로 하여금 정부의 환경정책을 이해하고 자발적으로 실천하도록 유도하거나 시민들의 개별화된 환경관을 집단화시킴으로써 사회적 이슈가 되게 하고, 그것을 정책에 반영하도록 하여 환경문제를 해결할 수 있도록 하는 중간자로서의 역할을 수행한다(김병완, 1998).

또한 정재춘 외 11인(1995: 197)에 의하면, 환경NGO는 여론의 조성을 통한 정치적 압력의 행사를 통해 지역사회 주민의 관심과 지원을 유도함으로써 환경운동 활동의 목표를 추구하려는 경향을 지니고 있기 때문에 다양한 방법을 동원하여 활동을 전개해 나간다. 환경NGO는 지역사회 주민들을 환경운동의 지지집단으로 동원하고 이를 통해 정치체제로 하여금 환경문제를 적극적으로 해결하도록 압력을 가하며, 또한 한편으로는 환경규제의 반대자인 기업집단을 누르는 환경규제의 선도자로서의 역할을 수행한다.

환경에 대한 관심과 그 관심의 발현수단으로서의 환경NGO의 환경운동 및 교육은 세계적인 물결로 자리 잡고 있으며, 나아가 환경NGO의 활동이 일시적이고 부수적인 현상이 아니라 정부역할을 보완하고 대치시키는 독특한 통합적 현상(Princen & Finger, 1994: 3)으로 자리 잡게 되었다. 이러한 환경NGO의 역할을 나타내면 〈그림 1〉과 같다.

〈그림 1〉 정부, 기업, 주민, 환경NGO의 위치와 관계모형

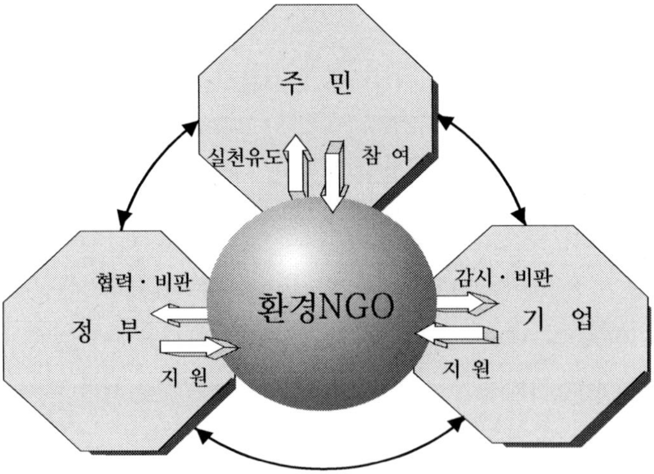

자료: 김항곤·소재진, 2000, p.213. 재구성

　이렇게 환경NGO는 민간부문에서 감지되는 환경문제를 적극적으로 쟁점화하여 주민들의 환경 자의식과 실천활동을 불러내는 동시에, 공공 부문에 대해서는 주민들의 생활환경을 제약하는 환경문제의 쟁점을 분명히 부각시켜 공공 행정의 기제를 통해 해결할 수 있도록 자극함으로써, 환경행정과 주민의 참여적 노력이 만나게 해주는 역할을 해야 한다. 또한 환경NGO는 공공 부문과 민간부문이 함께 노력한 환경개선의 효과가 지역주민 모두에게 골고루 돌아가도록 해야 할 뿐 아니라 공공 부문에 대해서도 정책 결과에 대한 평가를 투입하여 다음 단계의 정책 및 행정 입안에 중요한 조건이 되도록 하는 매개 역할도 동시에 수행해야 한다. 환경NGO는 환경문제 인식으로부터 환경문제 해결의 전 과정에서 공공 부문의 환경행정활동과 민간부문의 주민의 인식과 실천활동을 매개하는 역할을 해야 한다.

　이렇게 환경과 관련하여 공공 부문과 민간부문을 매개하는 역할자이면서, 주민 참여 조직화와 관련해 일상 주민활동을 비조직적으로 수행하면서 참여 효과를 내는 경우로부터 공공 부문의 공식 제도 틀 내에서 조직적으로 수행함으로써 참여 효과를 내는 경우까지, 다양한 활동을 통해 궁극적으로 지역사회 주민들의 자발적 참여를 강조하여 그들의 환경의 질에 대한 관심과 그들의 잠재적인 활동력을 일깨우는 역할을 하는 것이 환경NGO라 할 수 있다. 또한 환경NGO는 지역사회 주민의 자발적인 참여로 조직되었기 때문에 공식적인 정부나 기업의 영향력으로부터 자유로울 수 있으며, 융통성 있게 활동을 전개해 나갈 수 있다. 따라서 환경NGO에 있어 지역사회 주민의 적극적인 참여는 가장 강력한 힘이 되고, 환경NGO가 지향하는 참여를 통해 기대되는 모습은 환경에 있어서 각 지역사회 주민들의 환경민주주의를 이루는 것이다.

3) 우리나라 환경NGO의 역사적 고찰

우리나라 환경NGO의 활동역사는 그리 길지 않지만 시대적 배경에 따라 또는 환경정책에 따라 환경NGO의 활동사항의 특성이 판이함으로 시대별로 구분하여 환경NGO의 활동특성 및 활동영역 등을 파악해 보고자 한다.

① 1960년대의 환경NGO 활동의 특성

이 시대의 환경NGO 활동은 공단지역 주변과 대도시에서 환경파괴와 환경오염으로 인해 직접적인 피해를 입은 사람들이나 피해를 입을 것으로 확신하는 지역주민들의 피해보상과 생활대책을 요구하는 생존권적 투쟁이었으며 자연발생적이고 비조직적인 형태로 국지적으로 전개되었다. 그리고 공단건설 등을 통한 지역개발이 주민들에게 수혜적인 것으로 간주됨에 따라 어느 정도의 공해는 감수해야 하는 것으로 인식되었다.

즉 환경오염의 직접적인 피해를 입은 당사자들 외에는 환경문제에 큰 관심을 갖지 않아 환경여론이 문제 이전의 상태(pre-problem stage)에 머물러 있었다. 따라서 당사자들 외에는 환경문제에 대한 관심이 크게 확산되지 않았기에 특정지역 중심의 소규모 활동일 수밖에 없었다. 일부 지역에 환경NGO가 조직화되어 활동을 하였으나 이때의 대다수 환경NGO의 활동은 지역사회 주민들의 환경의식을 일깨우기 위한 교육과 계몽중심으로 시민의식 및 참여부족으로 인하여 그 조직기반이 매우 취약하였다. 이후 지역사회 단위로 자생적인 환경NGO들이 증가하면서 상당한 감시와 고발 기능을 수행하기도 하였지만, 여전히 전국적인 수준에서의 조직력을 갖춘 환경NGO로 발전하기에는 역부족이었다(김항곤·소재진, 2000).

이는 환경오염 피해 지역사회 주민들과 환경문제에 관심을 가지고 있던 일부 소수 전문가들만이 공업화로 인한 환경공해문제의 심각성을 인식하고 그 피해를 항의하는 수동적이고 소극적인 단계였다고 할 수 있겠다. 특히 성장 위주의 경제발전을 꾀하고 있는 당시 사회적 분위기로 인해 전 국민들의 호응을 얻어내지 못하였고, 결과적으로 환경문제를 사회문제나 정책의 문제로까지 이끌어내지 못한 한계가 있었다.

② 1970년대의 환경NGO 활동의 특성

1970년대 후반에 접어들면서 중화학공업을 중심으로 추진한 제3차 경제개발 5개년 계획이 끝남에 따라 실제로 환경상태가 급속히 악화되었으며, 일부 지역에서는 환경오염 사건이 발생함에 따라 환경문제에 대한 관심이 급상승하게 되었다. 특히 전국적으로 환경여론을 환기시킴으로써 환경문제를 공단지역을 중심으로 지역적인 차원의 문제에서 전국적인 차원의 문제로 확산시키는 데 기여하였다. 하지만 당시의 경제개발 우선의 논리는 그 어떤 가치보다도 우월한 것으로 확고하고 지배적인 이념으로 자리 잡고 있었다. 특히 이를 주도적으로 추진하기 위해 비민주적이고 권위주의적이며 억압적인 통치체계를 사회경제적 발전을 저해하는 반체제적 운동으로 몰아붙이고 억압하였으므로, 환경오염의 직접적인 피해를 입은 중화학공단 주변의 주민들을 중심으로 한 생존권 보호 및 피해보상운동이 주류를 이루었다(김항곤·소재진, 2000: 221).

이때의 환경NGO 활동은 주로 직접적인 피해주민의 생존권적 투쟁에 국한되었고 사회적 지원 없이 상당히 고립적인 항의적 성격의 것이었다. 이러한 활동결과로 정부에서 내세운 대책이란 피해보상과 집단이주로 끝이 났고, 환경오염 및 공해를 방지하고 환경을 보호하는 데 필요한 근본적인 대책이나 정책은 없었다. 환경문제의 원인이 기본적 공중도덕의 결여에서 발생하는 것으로 보는 등 상당한 한계를 보였고, 피해주민의 권익을 위한 투쟁이나 환경오염에 대한 대책을 촉구하는 등의 구체적인 환경활동을 전개하기보다는 자연보호 캠페인 등의 소극적인 전개에 그쳤다.

결과적으로 1970년대의 환경NGO 활동특성은 공해피해지역 주민을 중심으로 한 지역적이고 일시적인 투쟁적 성향의 활동과 소수 전문가들의 자연보호운동이 상호 연계성이 결여된 채 이원적으로 전개되었다는 점이다.

③ 1980년대의 환경NGO 활동특성

1980년대부터는 본격적인 전문 환경NGO가 출현하여 보다 조직적인 환경운동을 전개하기 시작하였다. 특히 헌법에 최초로 환경권이 명시되었고, 80년대 후반기에는 사회의 민주화분위기 속에서 환경NGO들이 상당히 빠른 속도로 증가되기 시작하였다. 이 시기에는 환경오염의 피해가 보다 커지고 피해의 범위도 전국적인 차원으로 확대되자 환경문제가 사회적인 중요 이슈로 등장하게 되었다. 이에 따라 직접적인 피해보상을 요구하던 이전 시기의 일시적인 환경활동과는 달리 공익보호차원에서 본격적인 의미의 환경활동이 전개되었다.

이때의 환경활동은 환경오염의 직접적인 피해당사자들이기보다는 환경문제와 이의 해결에 보다 적극적인 관심을 가지고 있는 전문가, 학자 및 일반 시민들을 회원으로 한 환경NGO를 중심으로 전개되었다. 이들 단체들은 정부의 환경파괴적인 개발 우선 정책에 대한 반대활동을 중심으로 직접 피해를 당한 지역주민들을 적극적으로 지원하고 전문적인 학자들의 환경문제에 대한 실태와 원인을 심층적으로 파악하여 이를 언론에 알림으로써 환경문제를 사회여론화 하는 데 중점을 두었다. 따라서 활동의 방법도 세미나, 공청회와 같은 공개적 행사와 시민을 대상으로 한 환경교육, 다른 시민단체들과의 연대활동을 중시하였다(김항곤·소재진, 2000).

④ 1990년대의 환경NGO 활동특성

1990년대의 환경NGO 활동은 단순히 피해보상만을 요구하는 차원을 넘어 환경가치를 정책에 반영하려는 적극적인 환경보전운동과 실천적 운동이 등장하였으며, 그 수단에 있어서도 시위와 같은 물리적인 방법 외에 교육, 홍보, 세미나 개최는 물론 정부의 공식적인 환경정책결정과정에 참여하는 형태로까지 발전하였다. 즉 정부가 개최하는 공식적인 공청회에 참석하여 의견을 개진하거나 간담회 참여, 비공식적인 개별접촉, 면담 등의 활동들도 나타났다(김병완, 1998).

또한 그동안 은폐되고 축적된 환경오염이 크게 노출된 시기이며, 동시에 언론에 의해 환경오염사건들이 빈번하게 보고 되면서 환경문제에 대한 시민들의 관심이 폭발적으로 증가하였고, 이에 따라 환경문제가 전 국민들에게 다른 문제에 비해 상대적으로 더 중요한 것으로까지 여기게 되었다. 우선 환경오염의 지역적 피해가 보다 빈번하고 심각하게 발생됨에 따라 환경NGO 활동들은 지역사회 주민들의 환경의식을 고조시켰고, 피해지역 외에도 각 지역사회 단위의 환경NGO를 조직하는 데 크게 기여하였다. 김항곤·소재진(2000)은 지역사회 주민 중심의 환경운동 중 1990년대 두드러지게 나타난 유형의 하나를 국가의 환경파괴적인 개발정책과 공해 관련 시설의 입지에 대한 지역사회 주민들의 반대운동으로 보았다. 다음으로 환경오염 피해가 전국적으로 확산되고 환경오염사건이 빈번해짐에 따라 피해지역 주민들뿐만 아니라 일반 시민들의 환경문제에 대한 관심이 고조되어 다양한 목적과 전략을 가진 환경NGO들이 나타나게 되었다.

4) 우리나라 환경NGO의 유형

우리나라 환경NGO의 유형은 크게 두 가지로 나눌 수 있다. 첫 번째, 정부의 편의에 따른 분류와 둘째, 환경NGO와 정부와의 관계에 따른 분류이다. 첫 번째 정부의 편의에 따른 분류를 보면, 우리나라 환경부는 환경단체를 허가단체, 신고단체, 기타 단체 및 임의단체의 4가지로 분류하고 있다. 이러한 구분은 법적인 설립근거의 유무에 따른 분류이고 주로 환경NGO라면 임의단체를 말한다. 그리고 환경NGO는 실제로 활동하는 활동가들에 의해 지역주민운동단체, 전문 환경운동단체, 사회단체 내의 환경분과운동 등으로 구분하여 활동한다. 그러나 동법이 1997년 3월 폐지됨에 따라 신고단체라는 개념은 사라지게 되었다.

그래서 현재 환경NGO의 분류는 허가단체, 비허가단체, 참여단체 등으로 나누고 있다. 허가단체는 민법 제32조 및 환경부소관 '영리법인의 설립 및 감독에 관한 규칙'의 의거 환경부장관의 허가를 받은 단체이며, 비허가단체는 환경운동을 목적으로 자유롭게 설립하여 활동하는 단체이며, 참여단체는 고유의 설립목적이 환경보전활동은 아니지만 사회적으로 환경문제가 부각됨에 따라 환경운동을 병행하는 단체로서 여기에는 경실련, 소비자단체, 여성단체 등이 해당된다. 그러나 이러한 환경단체의 분류는 행정기관의 편의를 위한 분류로서 단체의 유형에 다른 특징적인 모습을 나타내지 못한다(김병진·소재진, 2001: 22-24; 김항곤·소재진, 2000: 214-215).

두 번째 구분은 환경NGO와 정부의 관계에 따른 분류로 환경NGO를 제도권 환경단체와 비제도권 환경NGO로 구분될 수 있다. 환경운동은 정부의 환경정책을 비판·감시하는 집합적 행동(collective action)을 의미한다. 따라서 정부의 주도 내지 지도하에 설립되어 정부의 재정적 지원을 받고 정부와의 밀접한 상호 관계 속에서 준공식적 지위를 누리면서 정부의 위임으로 환경과 관련된 정책집행의 일부 업무를 대행하는 단체들과 자생적으로 발생하여 정부로부터 독립적인 환경운동을 하는 환경NGO와는 구분되어져 야 한다(정준금, 1995: 21).

제도권 환경NGO는 다음의 두 가지 유형이 있다. 첫째, 관계법과 정부의 환경정책에 따라 설립·운영되는 단체로서 국고보조 등 정부의 지원하에 한정된 환경활동을 하는 단체로서 환경보전협회, 환경보존범국민운동추진 협의회 등을 들 수 있다. 둘째는 환경과 관련된 특정 산업이나 협회, 자격 증을 갖는 회원들을 위한 권익보호적 단체를 들 수 있다. 예를 들면, 전국 환경관리인연합회, 폐기물분리배출촉진협회, 한국 산업폐기물처리협회 등이 그것이다. 이상의 단체들은 비록 한정된 범위 내에서 일부 환경보존업무를 수행하기도 하지만 당해 업종을 위한 이익활동이 보다 우선되어 때에 따라 서는 그들 집단의 이해에 따라 환경규제의 완화를 주장하거나 정부 환경정 책의 정당성을 높이기 위한 동원수단으로 활용되기도 하는 유사환경단체의 성격을 지닌다(김항곤·소재진, 2000: 215).

비제도권 환경NGO는 다음의 3가지 유형으로 구분된다. 첫째, 환경문제 만을 전문적으로 다루는 전문 환경NGO가 있다. 이들 단체는 환경전문가와 지식인 및 일반 국민을 중심으로 하는 회원조직의 형태로서, 환경문제의 발생이나 피해에 대한 연구를 진행하고 환경문제를 이슈화하여 국민여론을 형성하며, 적극적으로 환경정책과정에 개입하여 정부의 환경문제 해결을 요구하거나 기업의 공해배출을 감시하는 단체이다. 예를 들면 환경운동연 합, 환경과 공해연구회, 녹색연합, 그린훼밀리운동연합 등이 해당된다. 둘째 는 기존의 시민단체, 종교단체, 소비자단체 및 각종 직능단체들이 그들의 주요 사업의 하나로 환경운동을 수용한 형태로서 녹색소비자연대, YMCA, 경제정의실천연합 등이 이에 해당된다. 셋째는 시민 또는 지역사회 주민들 의 모임형태로 운영되는 단체로서 광록회, 팔당상수원환경감시단 등 지역

환경보존운동을 펼치는 단체를 들 수 있다(김병진·소재진, 2001: 23-24).

5) 환경NGO 활동영역

환경NGO의 활동영역은 환경보전을 위한 대국민 홍보, 계몽활동 및 캠페인 전개, 환경 관련 학술조사 및 연구활동 실시, 환경정책에 대한 세미나 개최, 정부의 환경 관련 위원회의 참여 등 다양한 활동을 정리할 수 있으며, 대표적인 사례를 살펴보면 다음과 같다.

첫째, 환경정책기본법 등 관련법에 따라 설립된 단체인 환경보전협회, 유해화학물질관리협회 등에서는 주로 환경보전을 위한 조사연구, 기술개발 및 교육 홍보업무 등을 담당한다. 둘째, 환경전문가, 지식인 등으로 구성되어 전문성을 갖춘 환경운동연합, 녹색연합, 그린훼밀리운동연합 등과 같은 단체에서는 주로 환경정책에 대한 세미나 개최 및 학술조사 연구활동, 국내외 환경정보교환활동, 지역사회 주민과 정부의 환경정책의 매개체 역할 등을 하고 있다. 셋째, 환경보전운동이 시민운동으로 발전 확산됨에 따라 종교단체, 여성단체 및 각종 시민단체들에서는 일상생활에서 실천할 수 있는 음식물 쓰레기 줄이기 운동, 물 아껴 쓰기 운동 등을 주제로 각종 환경보전 캠페인을 전개하고 있다. 넷째, 시민 또는 지역주민들의 모임형태로 운영되는 단체인 광록회, 대자연환경보전회 등은 지역 환경문제에 관한 토론회 개최, 상수원보호활동 등 지역환경보전운동을 펼치고 있다(김병진·소재진, 2001: 24; 김항곤·소재진, 2000: 215-216; 환경부, 1998: 160).

이상에서 살펴본 결과 환경NGO는 환경자치와 관련하여 지역주민들이 참여할 수 있는 영역을 넓히고, 현실적으로 다양하게 개별 지역주민이 직접적·적극적으로 참여하는 것을 유도한다. 사안의 성격과 형태에 따라 지역주민들이 개별적으로 참여할 수 있는 여지가 많은 것도 있겠지만, 다양

한 환경NGO를 만들어 제도과정에 직·간접적으로 참여하는 것이 전반적
으로 보다 효과적이다.

이에 우리나라 환경NGO가 지속적으로 발전해 나가기 위해서 어떠한 노
력들을 해야 하는지 알아보기 위해 비교적 환경NGO 활동이 활발하게 진
행되고 있는 외국의 환경NGO들의 특성분석을 통해 시사점을 얻고자 한다.

6) 외국의 환경NGO 특성 및 시사점

(1) 외국의 환경NGO 특성

외국의 환경NGO의 특성을 비교분석하기 위하여 분석대상국은 미국, 독
일, 프랑스, 일본, 한국으로 하였다. 환경NGO의 특성을 분석하기 위해서는
여러 기준들이 있겠지만, 본 연구에서는 이 국가들을 대상으로 분석기준을
첫째, 환경NGO의 재정적 기반, 둘째, 조직적 기반, 셋째, 환경보전부처와의
관계, 넷째, 환경NGO의 상호간의 관계, 다섯째, 활동전략, 여섯째, 환경정
책결정과정에서의 역할이다(김병진·소재진, 2001: 21-54; 김광남, 2000:
15-49; 소재진, 2000: 115-127). 이를 비교하면 〈표 Ⅱ-2〉와 같다.

<표 Ⅱ-2> 각국 환경NGO의 종합적 비교

구 분	미 국	독 일	프랑스	일 본	한 국
주요 환경 NGO	씨에라 클럽 (Sierra Club), 지구의 친구들(Friends of Earth)	독일자연보호연합 (DNR), 독일환경과 자연보전을 위한 연맹(BUND)	프랑스자연보호연맹(FFSPH), 전국자연보전협회 (SNPN)	시민포럼 2001 Well Company 환경과 지속사회연구센터	환경운동연합 녹색연합 환경여성단체 환경정의시민연대
재정적 기반	연방 및 지방 정부에서 재정적 지원과 세제혜택, 시민들의 회비 등	1962년에 세계최초로 정부로부터 재정분담방식과 시민들의 회비로 재원조달	정부로부터의 재정 지원과 시민들의 회비를 통해 조달	자체조달과 외부조달, NPO법을 통한 세제혜택 등이 있음. 하지만 기업의 기부금이나 회원의 회비로 충당하는 구미와 달리 매우 빈약한 편	회원의 회비 및 정부보조가 적음. 정부보조도 근래에 몇몇 단체만 이루어지고 있음
조직적 기반	정부와 파트너 관계이며, 독립성이 높고 시민들의 자발적인 참여가 조직기반	환경NGO의 독립성이 매우 높으며 시민참여가 기반	환경NGO의 독립성이 매우 높으며 시민참여가 기반, 특히 여성보다는 남성의 참여 비율 높음	정부 및 유급, 무급의 스텝이 부족한 상황이며, 환경NPO에 가입하고 있는 회원의 수도 적음	정부나 시민들의 민간환경단체의 필요성을 인정하지만 현실적인 한계가 있으며, 시민 없는 시민단체라는 비판도 제기됨
정부와의 관계	환경NGO 없이 환경문제 해결 없다는 인식, 파트너 관계	DMZ가 모든 NGO의 협렵업무를 담당, 환경 관련 부처와 상호 관계는 협조/비판적 관계	동반자관계라기보다는 상호 비판적인 관계임	주로 재정적인 도움을 정부로 받고 있기 때문에 독립성이 미약함	협력적 관계라기 보다는 반대를 위한 반대운동에 치중함으로써 정부와 소원한 관계
환경 NGO들 간의 관계	상호 Network의 구축을 통해 환경정보 얻음	환경NGO들은 자체적인 역량 강화 및 권익옹호, 정책결정과정의 영향력 제고, 정부의 지원금 확보 등 다양한 목적을 위해 연대	상호 Network의 구축을 통해 환경정보 얻음	환경NPO는 대개 소규모이긴 하나 횡적 Network이 잘 결성되어 있어 상호 교류와 협력이 매우 유기적으로 이루어지고 있음	상호 정보교환이 약하고 연계 정도가 매우 낮음
활동 전략	다양한 프로그램 통해 환경문제 대처	과학적이고 전문적인 지식제공, 청원, 법적 소송, 물리적 행동 등 다양한 전략 소유	주로 반핵발전소 운동이 중심	반공해운동, 생협운동, 지구환경문제에 대처하기 위한 운동 등이 활동전략임	사후적 반대운동이 주류였으나 민주화운동 이후로 사전적 참여전략을 모색하고 있음
환경정책결정시 환경 NGO 역할	연방정부 및 지방정부 정책결정과정에 직접적으로 참여	환경문제에 관해 정부의 정책결정과정에 참여할 수 있는 장치가 법적으로 마련	독일에 비해 큰 영향력을 미치지 못하며 환경단체보다는 선거를 통해 영향력을 끼침	환경정책결정이 행정부(MITI) 주도로 이루어지고 있어 영향력이 미비함	사익집단에 비해 정책결정체제에 접근도가 낮으며 최근사안별로 정책과정에 참여하고 있음

(2) 외국 환경NGO 고찰을 통한 시사점

① 재정적 기반

우리나라 환경NGO의 재원은 열악하여 활발한 활동 전개에 장애요인이
되고 있다. 정부의 직접적인 재정지원이 환경NGO의 자주성·자율성을 약
화시키고 제도적 독립성을 저해하며 불필요한 관료적 규제를 양산할 수 있
다는 지적도 타당성이 있다. 그러나 민간의 기부금 출연이 저조한 상황에
서 정부의 재정적 지원마저 이루어지지 않는다면 환경NGO는 수익사업을
통해 충당할 수밖에 없고, 이것은 이들이 기본적인 목적사업 이외에 수익
사업에 몰두하도록 하여 사회적 사명을 왜곡할 가능성이 있다. 따라서 현
우리나라 실정에서 보았을 때 정부에서 환경NGO에 대한 직접적인 재정지
원이 불가능하다면 간접적인 지원정책, 즉, 미국과 같은 조세감면제도의 도
입을 통한 지정기부금 납부의 촉진이나 민간환경기금에의 출연과 같은 방
향을 모색하는 것이 바람직하다.

② 조직적 기반

현 우리나라 환경NGO가 수행하는 활동의 상당부분이 국가 또는 공공
단체가 일차적으로 수행해야 할 사안이라는 점에서 환경NGO의 활성화는
관료제의 한계를 극복함으로써 효율적 자원배분이나 사회후생증진에 기여
할 수 있다. 그러나 현재 정부가 이들의 기부금품모집이나 이에 대한 조세
감면을 불합리하게 규제하고 있고, 민간환경기금의 확대에 소극적인 반응
을 보이는 등 비합리적인 규제와 정책으로 인해 환경NGO의 역할이 활성
화되지 못하고 있다. 즉 과도한 규제와 비합리적인 정책운영으로 인해 이
들에 대한 시민참여가 저조할 뿐만 아니라 이들의 재원마련과정에서 상당
한 난관에 봉착해 있다. 따라서 정부에서는 기부금품모집, 조세감면 등의

내용을 포함하는 민간단체지원법을 마련하여 이와 같은 사항을 개선해야 할 것이다. 뿐만 아니라 환경NGO들도 학계, 전문연구소, 지방자치단체 등과의 관계를 획기적으로 강화시켜 나가면서, 젊은층의 자발적인 참여를 유도할 수 있는 방안도 모색해 나가야 할 것이다.

③ 정부와의 관계

현재 대부분의 환경NGO들은 조직·인력·재정상의 한계와 전문성의 부족으로 인해 정책과정에서 기대 이하의 성과를 거두고 있다. 뿐만 아니라 제도적 제약과 정부의 부정적 인식으로 인해 정책과정에서 정부와 유기적인 협조관계를 형성하지 못하고 있다. 이를 극복하기 위하여 정부에서는 환경NGO와 유기적인 관계를 맺기 위해 환경부내에 민간협력과를 설치하였다. 하지만 이 또한 예산의 부족으로 인해 환경NGO들에게 실질적인 지원을 못하고 있는 실정이다.

따라서 정부는 정책결정과정의 개방화를 통해서 환경NGO 참여를 적극적으로 유도해야 할 것이며, 환경NGO는 정부와의 관계를 반대를 위한 반대운동에 치중할 것이 아니라 전문화와 체계화를 통하여 정책결정과정에 참여하여 보다 나은 정책수행이 될 수 있도록 해야 할 것이다.

④ 환경NGO 간의 관계

선진국의 경우에는 환경NGO 간의 신속한 정보제공, 공동연구와 프로젝트의 수행, 환경NGO 자료센터의 설립 등 확실한 Network이 갖추어진 국가가 많다. 하지만 우리나라의 경우에는 협조관계의 대부분이 자료 및 정보교환이나 공동행사 및 공동집회 참여의 차원에서만 이루어지기 때문에 일회적인 관계를 넘어 체계적이고 유기적인 관계가 형성되어 있지 못하고 명목상 협조관계에 그치고 있는 실정이다. 개별 환경NGO의 전문성과 역량

이 제한되어 있는 상황에서 이들은 상호간에 더 많은 유기적 관계를 통하여 환경정책결정과정에서뿐만 아니라 다양한 영역에서 역할 수행능력을 향상시켜야 할 것이다.

⑤ 활동전략

선진국의 환경NGO들은 다양한 활동전략을 가지고 환경운동을 전개한다. 이러한 활동전략에는 정책과정에 과학적·전문적 지식의 제공, 청원, 법적 소송, 물리적 저항 등이 있다. 하지만 그동안 우리나라의 환경NGO 활동들은 환경오염지역과 관련된 지역주민들과 일부 관심 전문인들이 주축이 된 사후적 반대운동 즉 물리적 운동이 주류를 이루었다. 향후 우리나라의 환경NGO는 전문성을 제고하기 위해서는 정책대안 제시능력의 향상, 타국의 환경NGO 활동 비교·분석을 통한 활동의 체계화, 각계 각 분야의 환경전문성을 지닌 사람들의 환경NGO 활동 참여의 활발화, 연구기관 및 전문 인력의 확충 등이 요구된다.

⑥ 환경정책결정과정에서의 환경NGO의 역할

선진국의 환경NGO들은 정책의 설정부터 대안제시 최종결정까지 공식적인 결정구조에 구체적으로 접근한다. 이는 정부가 어떤 형태로든지 사전에 환경NGO를 광범위하게 참여시키고 이들의 의견을 존중하는 것이 정책 시행 시 타당하다고 생각하기 때문이다. 하지만 우리나라의 경우에는 쓰레기 매립장건립, 댐건설, 핵폐기물 처리장 등을 결정하는 과정에 지역사회 주민 및 환경NGO들의 참여를 배제하고 밀실행정을 일관하다 정책집행이 실패한 사례에서 알 수 있듯이 환경정책과정에 환경NGO의 참여가 드물었다.

현재 환경부와 환경NGO들이 공동으로 참여하여 주요 환경정책을 결정하기 전에 상호 협의를 위해 민간환경단체정책협의체를 운영하고 있지만,

이 협의체의 협의대상이 되는 정책이 주로 정부와 환경NGO 간의 합의가 용이한 사안들에 국한되어 있고, 환경에 본질적이고 중요한 영향을 미칠 수 있는 정책에 대해서는 정부가 환경NGO의 참여를 제한하고 있는 실정이다. 하지만 선진국의 비교연구를 통해 알 수 있듯이 환경NGO들의 환경정책결정과정의 참여가 활성화되고 확산될 때 비로소 정부의 환경보전 노력도 실효를 거둘 수 있다는 사실을 직시해야 할 것이다.

7) 우리나라 환경NGO의 문제점

환경NGO의 급작스런 증가는 조직의 전문성이나 자원의 확보 면에서 취약성을 드러낼 수 있다. 환경문제의 경우 문제의 인식, 대안의 제시 및 정부의 환경정책결정과정의 참여 등 여러 행태의 활동을 함에 있어서 상당한 전문성을 필요로 한다. 물론 순수한 동기만을 갖고도 공해문제의 해결에 많은 공헌을 할 수 있으나 효과적인 활동을 위해서는 상당한 수준의 전문성을 필요로 한다(이근주, 1999). 이외에도 공익을 추구하는 환경NGO의 활동과 관련하여 가장 중요한 요소는 정치권력으로부터의 자율성이다(정무장관 제1실, 1997: 22).

권력으로부터 단체의 활동방향과 내용을 지시 및 통제를 받을 경우 환경NGO들의 활동은 시민들의 자발적 참여를 토대로 한 공익의 추구라는 그 본래의 목적을 성취하기 어렵다. 우리나라에서 환경문제가 대두되면서 지역사회 주민들의 자발적 참여로 인한 환경NGO의 자율적 활동의 확대가 이루어졌으나, 그럼에도 불구하고 환경NGO들의 활동들은 아직도 성숙된 자율단체 및 조직으로 활동하기에는 여러 가지 한계를 지니고 있는 것이 사실이다. 우리나라의 환경NGO들이 갖고 있는 여러 가지 문제점들을 구체적으로 나타내면 다음과 같다.

첫째, 환경보전위원회와 같은 참여를 보장하는 제도적 장치가 있음에도 불구하고 이들 위원회를 진정한 의미의 참여기구로 볼 수 없게 만드는 몇 가지 문제들이 있다. 즉, 위원회 구성원은 고위공무원들이 대다수이며 위원의 임명권은 관련 부처에게 있어 외부인사 선정의 경우에도 정책을 의도하는 곳에 뜻이 맞는 인사가 주축이 되며, 기능과 권한의 문제를 볼 때에도 의사결정기구로서의 성격을 갖는 것이 아니라 심의와 자문의 기능만을 갖기 때문에 정책결정과정에서의 진정한 참여기구로서의 의의를 갖지 못하고 있다는 점이다(김병진·소재진, 2001).

둘째, 활동재원의 부족이다. 환경NGO의 활동을 위해서 재정확보가 필수적이나 운영재원의 대부분을 회원의 회비나 기부금, 수익사업에 의존하고 있고 정부보조금 및 지역사회를 기반으로 하는 기업의 지원은 거의 없다고 할 수 있다. 물론 NGO의 기본 성격이 시민들의 자발적인 참여에 기반으로 한 풀뿌리 민주주의에 그 기반을 두고 있다면, 단체의 운영 및 사업 또한 회원들의 자발적인 참여와 후원금에 의해 이루어지는 것이 바람직할 것이다. 하지만 환경NGO가 보다 효과적으로 활동하기 위해서는 정부 및 기업의 적극적인 재정적 지원이 요구된다(김종순, 1999: 71-72; 김항곤·소재진, 2000; 김병진·소재진, 2001).

셋째, 전문성을 가진 상임위원회의 확보가 미비하다. 환경NGO들은 영리기관과 달리 사회적으로 가치 있는 사업을 비관료적이며 탄력적으로 수행할 수 있도록 유능한 인적 자원이 확충되어야 하는데, 재정의 부족은 유능한 인적 자원의 부족으로 연결되고 있다. 효과적인 민간환경운동을 전개할 수 있는 물적 기반이 갖추어져 있지 않는 상태에서 유능한 자질을 갖춘 인적 자원을 활용할 수 없으며, 이들의 지속적인 관심을 이끌어낼 수 없다(김항곤·소재진, 2000).

넷째, 지역사회 주민들의 참여의식의 저조를 들 수 있다. 일반적으로 공익적 문제에 대한 시민의식의 부족에 기인한 것이라 할 수 있다. 특히 젊은 연령층이 환경문제에 대해 적극적이지 못하다는 것이 문제이다(김종순, 1999: 71; 김항곤·소재진, 2000; 김병진·소재진, 2001).

다섯째, 정부의 환경NGO 지원을 위한 법적·행정적·제도적 문제점을 들 수 있다. 환경NGO들의 활발한 활동과 영향력 제고에도 불구하고 그동안 환경NGO 활동을 지원하는 기본법이 없다가, 1999년 12월에 재정되었지만 이 법률 또한 선진국과 같은 민간환경단체의 활발한 활동을 보조하기 위한 법적 장치로서는 미비한 수준이라 할 수 있다. 또한 지역사회 주민들과 환경NGO들의 참여를 배제하는 폐쇄적인 정책결정방식으로 인해 투명한 환경정책결정이 이루어지고 있지 못하다는 문제가 있다(김항곤·소재진, 2000; 김병진·소재진, 2001).

여섯째, 환경NGO 간의 연대가 부족하다. 상호 협력을 하고 있다하더라도 대부분의 단체들이 명목상 협력관계를 유지하고 있으나 실질적인 협조는 미흡하여 개별조직이 안고 있는 재정적, 조직적 취약성을 극복하는 데 크게 도움이 되지 못하고 있다(김종순, 1995: 48). 우리나라 환경NGO는 서울 및 대도시 중심으로 전개되고 있어서 그 지역 외에서 발생하는 환경문제에 대한 관심이 상대적으로 낮고 해당지역의 단체들은 지역주민의 높은 관심을 효과적으로 결집시킬 수 있는 조직역량을 갖추지 못한 경우가 많다.

위와 같이 환경NGO가 가지고 있는 문제점을 효과적으로 해결하기 위해서는 정부, 기업, 지역사회 주민들의 환경NGO에 대한 인식의 전환뿐만 아니라 무엇보다도 환경NGO의 자체적인 노력이 필요하다. 환경NGO는 종전과 같이 기존의 회원을 중심으로 하는 소극적인 운영을 하지 말고, 환경NGO 활동에 대한 인식도를 높이고, 운영의 전반적인 것을 투명하게 공개함은 물론 활동의 성과를 알려야 한다(김종순, 1999). 또한 환경NGO 활동에 참여하는 지역사회 주민들이 참여를 한 후에도 활동에 적극적일 수 있도록 유인기제를 끊임없이 제공해야 할 것이다.

특히 오늘날 환경에 관한 관심 및 활동은 광역성뿐만 아니라 지방성과 국지성이 두드러지는 만큼 그에 따라 지역사회 주민들이 생활을 영위하는 지역사회의 환경문제의 유형과 성격에 따라 생활세계에서 환경문제를 인지하는 정도가 다르며, 또한 지역사회 주민들이 환경NGO에 참여하면서 얻는 만족도 또한 달라진다.

이에, 본 연구에서는 환경NGO가 펴고 있는 구체적인 환경활동에 적극적으로 참여하고 있는 지역사회 주민들의 참여만족도 수준과 관련된 영향을 분석하고자 한다. 참여만족도에 미치는 영향요인을 분석하여 지역사회 주민들이 지속적으로 환경NGO 활동에 참여할 수 있도록 하는 방안을 강구하고자 한다. 이에 앞서 만족도와 관련된 이론 및 선행연구들을 고찰하여 만족도에 영향을 미치는 요인들을 추출하고자 한다.

2. 만족도 관련 이론

현대에 들어와서 조직활동원의 만족 정도는 조직의 효율적 운영을 평가하는 중요한 기준이 되고 있다. 이러한 조직에의 참여에 긍정적인 반응을 가진 사람은 조직을 호의적으로 대하여 조직 내·외부에서 자신을 포함하여 다른 참여자들의 활동을 촉진시킬 뿐만 아니라 활동의 지속성 등을 가져올 수 있다. 또한 조직은 매우 다양하게 존재하여, 조직활동과 관련된 만족의 용어는 매우 다양하므로, 만족과 관련된 이론을 먼저 고찰할 필요가 있다. 이 연구에서는 선행연구들의 이론들에서 사용된 만족에 대한 공통적인 요소를 취해 참여만족도의 개념을 규정하고자 한다.

48

본 연구에서는 조직활동의 참여만족을 결정짓는 요인들은 무엇이며, 또한 어떤 과정을 거쳐서 만족이 결정되는지를 해명한 이론 중에서 욕구충족이론 (Need Fulfillment Theory), 성과차이이론(Discrepancy Theory), 형평이론 (Equity Theory), 이요인 이론(Dual-Factor Theory), 기대-유인가 이론 (Expectancy-Valence Theory), 업무만족이론(Business Satisfaction Theory), 국면만족이론(Facet Satisfaction Theory), 일 적응 이론(Work Adjustment Theory)을 살펴보고자 한다.

1) 욕구충족이론(Need Fulfillment Theory)

욕구충족이론은 Maslow(1954)의 연구에서 그 기원을 찾을 수 있다(박운성, 1994). Maslow에 의하면 개인의 욕구만족이란 개인의 욕구가 실제로 어느 정도나 충족되는가에 따라 달라진다는 주장이다. 즉, 이 이론에서는 단일한 성과나 여러 성과들을 얼마나 받게 되는가에 따라서 만족이 결정된다고 주장한다. 이런 의미에서 Vroom(1964)의 욕구만족이론과도 관련지을 수 있다. Vroom은 개인이 보기에 긍정적 유인가를 지니고 있는 성과들을 직무에서 얼마나 얻을 수 있는가에 따라서 직무만족이 결정된다고 본다. 이 이론에서 만족수준은 개인이 직무를 통해서 성과들을 얼마나 얻고 있는 지를 측정하면 알 수 있다는 것이다.

직무를 통해서 받는 성과에 대해서 만족하는 수준은 자신이 받은 성과의 양, 혹은 받기를 희망하는 성과의 양 등의 요인에 의해서 영향을 받기도 한다. 따라서 자신이 직무를 통해서 얻은 성과에 대해서 어떤 정서적 반응을 보일 것인지는 자신이 바라는 수준, 받아야 한다고 보는 수준 등의 요인들에 의해서 크게 좌우되는 것이므로 이 가운데 어떤 요인에 의해서 직무만족이 결정되었는지가 불분명하다. 특히 욕구충족이론은 자신이 직무를 수행함으로써 받아야 한다고 기대하고 있는 성과가 개인마다 다르다는 개인차 요인을 적절히 설명하지 못하고 있다(박운성, 1994).

2) 성과차이이론(Discrepancy Theory)

욕구충족이론에서는 받은 성과의 양만을 문제 삼고, 실제로 자신이 직무를 통해서 얻은 성과와 바라는 성과의 차이를 문제 삼지 않았다. 성과차이이론에서는 실제로 얻은 성과를 기준으로 해서 개인이 받고 싶어 하거나 받아야 한다고 기대했던 성과와의 차이에 의해서 만족수준이 결정된다고 주장한다. 그래서 성과차이이론은 비교이론이라고 불리며, Vroom(1964)은 이를 차감이론(substraction theory)라고도 하였다. 이 이론에 의하면, 만약에 기대한 수준이나 받아야 한다고 본 성과수준에 비해서 실제로 얻은 성과의 수준이 낮다면 불만족이 일어난다. 즉, 차이의 방향과 크기에 따라서 만족이나 불만족의 크기가 결정된다.

이때 자신이 실제로 얻은 성과를 비교함으로써 차이를 산출하게 되는 기준을 무엇으로 삼을 것인가에 대해서는 적어도 세 가지의 서로 다른 입장이 있다(박운성, 1994). 첫째는 Katzell(1964)과 Locke(1976)의 주장으로써 받고자 갈망했던 성과의 양이 차이를 낳게 하는 기준이 된다고 가정한다. Katzell에 의하면 직무만족이란 실제로 얻은 성과의 양과 자신이 받고 싶어 했던 성과의 양간의 차이에 의해서 결정되는데, 이 차이 값이 바로 만족이나 불만족수준이 아니고, 이 차이 값을 받고 싶어 했던 성과의 양으로 나눈 것이 만족수준이라고 한다. 이를 공식으로 나타내면 다음과 같다.

$$만족 = 1 - (x - v/v)$$

$$x = 실제로 \ 얻은 \ 성과의 \ 양$$
$$v = 받고 \ 싶어 \ 했던 \ 성과의 \ 양$$

이 공식에 의하면, 같은 차이가 생긴 경우라도 받고 싶어 했던 성과의 양이 클수록 불만족이 적게 된다. 즉 이 경우에 상대적으로 만족이 크다. 결과적으로 Katzell은 만족을 실제로 존재하는 것과 어떤 바라는 것 간의 차이로 보고 있으며, 이 차이가 바라고 있는 자극의 양에 의해 나누어져야 한다고 가정하였다.

둘째는 Locke(1976)의 주장으로 그는 지각된 성과와의 차이를 중요시한다. Locke는 만족이란 자신이 받고자 하는 현재 요구하고 있는 수준과 자신이 받고 있다고 지각하는 성과와의 차이에 의해서 결정된다고 주장한다. 자신이 받고 있다고 지각하는 것보다 받고자 요구하고 있는 것이 크면 클수록 불만족이 더욱 크다.

마지막으로 Porter(1961)는 만족이란 사람이 원하는 것에 의해 결정되는 것이 아니라 사람이 받아야 마땅하다고 기대하는 것에 의해 결정되는 것이라고 하였으며, Porter와 Lawler(1964)는 성과차이가 만족을 결정짓는다고 보며, 직무수행을 통해서 자신이 받아야 한다고 기대하는 성과와 실제로 받은 성과의 차이에 의해서 만족을 측정할 수 있다고 주장했다. 즉, 개인이 받아야 한다고 느끼고 있는 성과수준이 만족을 결정짓는 데 중요하다고 주장함으로써 개인이 바라고 있는 수준에 의해서 만족이 결정된다고 주장한 Locke의 이론과는 구별된다.

김재원(1999)은 위의 학자들의 이견에 대해 이론적으로는 개인이 받고 싶어 했던 수준, 개인이 받고자 요구하고 있는 기준, 그리고 개인이 받아야 한다고 기대하는 기준 등으로 재구분해서 정리해 볼 수 있다고 하였다.

이상에서 살펴본 바와 같이 성과차이 이론들은 서로 다른 성과비교 기준을 사용하는데, Katzell은 실제적인 양과 바라고 있는 양을, Locke는 실제지각양과 바라고 있는 양을, Porter는 실제지각양과 받아야 마땅하다고 느끼는 양을 주장하고 있다.

3) 형평이론(Equity Theory)

형평이론은 Adams(1963)에 의해서 제안된 이론으로서 원래의 동기이론으로 발표되었다. Adams는 만족이란 직접적으로 그 사람의 지각(인지)된 투입과 결과(보상) 간의 균형에 의해 결정된다고 주장하였다. 어떤 사람의 임금에 대한 지각된 공정성은 그의 투입-결과(보상)의 균형에 의해 결정되어지고 이 형평성은 만족에 영향을 미치게 되어 형평성이 지각될 때에는 만족이 생기고 불 형평성이 지각될 때에는 불만이 생긴다고 보았다. 이것은 만족이란 사람이 그 직무로부터 받는 결과(보상)와 그 사람이 직무에 투입하는 것과의 인지된 비율에 의해 결정된다는 것을 의미한다.

다시 말해서 만족이란 자신이 직무에 투입한 것과 직무로부터 얻는 것과의 비율을 산출하고 이 비율을 타인의 비율과 비교함으로써 결정된다. 그런데 형평이론에 의하면 성과에 비해서 투입이 많거나, 투입에 비해서 성과가 많은 경우에 모두 불만족을 초래하게 된다. 물론 이때 느끼는 감정은 서로 달라서 다른 사람과 비교할 때 자신이 투입에 비해서 성과를 많이 받은 과다보상의 경우에는 죄책감을 일으키고, 과소보상의 경우에는 불공평하게 대우받는 데 따르는 분노의 감정을 일으킨다(박운성, 1994).

형평이론에 의하면 직무만족이란 개인이 받는 보상이 다른 사람과 비교해서 형평의 원칙에 맞는지에 대한 지각이 만족을 결정짓는 데 중요하며 개인이 투입요인(input)과 성과요인(outcome)들 간의 균형을 어떻게 지각하는가에 의해서 결정된다. 그러므로 자신의 투입과 성과 간의 비율 자체에 그치지 않고 그때 자신과 비교대상이 되는 타인의 성과와 투입이 어떠했는지도 자신이 지각하게 된다. 이때 두 사람의 비율들이 형평관계를 이룬다고 지각하는 데 따라서 만족을 결정짓게 된다. 만약에 자신의 투입과 성과 간의 비율이 타인의 비율과 불형평을 이룬다고 지각하면 불만족이 일어난다.

이와 관련하여 Homans(1961)는 분배적 정의개념을 도입하여 형평성을 설명하였는데, (자신의 보상-자신의 비용)/자신의 투자=(타인의 보상-타인의 비용)/타인의 투자가 성립될 대 분배적 정의가 생기고 그렇지 않을 대 불의의 감정을 느낀다고 하였다. 여기서 투자는 나이, 기술, 책임 등을 뜻하고 보상은 보수, 흥미, 지위, 자율 등을 비용은 불안, 위험, 권태 등을 의미한다. 한편 Jaques(1961)는 사람들이 자신의 직무에 대한 정서를 형성하는 데 사회적 비교가 중요한 의미가 있다고 강조하고 있다. Jaques는 어떤 수준의 작업에 대한 공정한 임금의 암묵적 규범체계가 있다는 것과 그리고 집단 간에 이 같은 규범이 무의식적으로 알려져 있다고 주장하였다.

형평성이론에서는 사람들이 자신의 투입-결과(보상)의 균형적인 형평성 여부를 어떻게 판단할 것인가를 결정하는 데 있어서 타인의 투입 대 결과(보상)의 균형이 중요하다는 것을 강력히 역설하고 있다. 그리고 형평성이론에서는 사람들이 자신의 투입-결과 균형 공정성을 평가할 때 비교대상이 되는 다른 사람의 투입-결과 균형과 자신의 그것을 비교함으로써 평가한다고 하였다. 이는 〈그림 2〉와 같이 나타낼 수 있다.

<그림 2> 형평성 모형

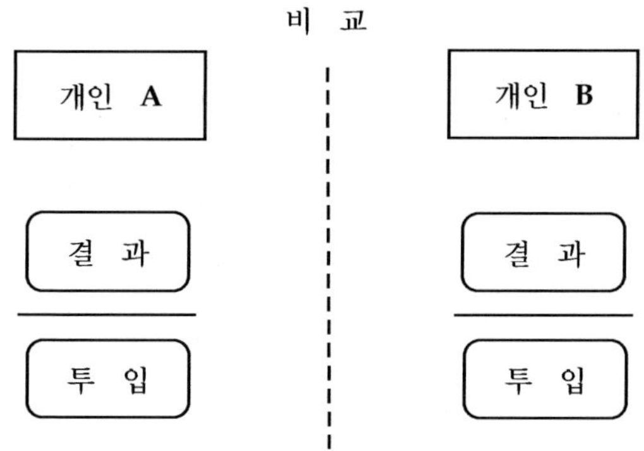

투입(input): 기술, 교육, 경험, 노력, 성과, 자유재량권의 시간범위 등의 인적
        및 직무특성
결과(output): 임금, 작업환경, 안정, 인정, 성취 등
자료: Heneman(1985). p.116 재구성

4) 이요인 이론(Dual-factor Theory)

이요인 이론은 Herzberg et al.(1959)에 의해서 주창된 것으로, 동기위생
이론(motivator-hygiene theory)이라고도 불린다. 이 이론은 직무요인들이
직무만족에 영향을 미치는지 혹은 직무불만족에 영향을 미치는지에 따라서
양분될 수 있다고 주장된다. 인간에게는 상호 독립된 두 종류의 서로 다른
욕구범주가 있는데, 이들은 인간의 행동에 각각 다른 방법으로 영향을 미
친다. 사람들은 수행하고 있는 일에 불만족을 하게 되면 환경에 관심을 갖
게 되고, 사람들이 직무에 만족하는 경우에는 환경보다는 직무 그 자체에
관심을 갖게 된다는 것이다.

이를 위생요인(hygiene factors or dissatisfiers)과 동기요인(motivators
or satisfiers)으로 구분하여 설명하자면, 위생요인은 환경에 관한 것으로 직

무불만족을 예방하는 기본적인 기능을 담당하며, 동기요인은 사람이 보다 우수한 업무수행을 하도록 동기를 부여하는 데 유용한 요인이라 할 수 있다. 위생요인의 특성은 이 요인의 충족이 단지 불만족의 감소만을 가져올 뿐이며 만족에 이르지 못한다는 것을 나타내며, 동기요인의 특성은 충족되지 않아도 불만은 없지만 충족되었을 경우 만족이라는 적극적인 태도를 유도한다는 것이다(황준오, 1998).

이 이론 가운데 직무만족과 관련해서 주목해야 할 점은 다음과 같은 두 가지 점이다(박운성, 1994). 첫째, 직무만족과 직무불만족은 단일 연속체상의 양극에 놓이는 것이 아니라고 주장한다. 즉, 한편 끝에 높은 직무만족, 그리고 중간에 직무에 대한 중립적 태도가 위치하고, 이의 연장선상의 다른 한쪽 끝에 직무불만족이 위치하는 것이 아니라고 본다. 직무만족이란 직무불만족과의 구별되는 독립적인 차원이므로 두 가지 측면을 동시에 지닐 수도 있다. 둘째, 직무만족과 직무불만족을 결정짓는 데 영향을 미치는 직무상의 단면들이 서로 다른 요인들이라고 주장한다. 예를 들면 직무의 여러 단면 중에서도 성취, 인정, 작업 자체, 책임 등은 만족을 결정짓는 데 영향을 미치는 요인들이다. 이와는 달리 작업조건, 대인관계, 감독 및 회사정책 등은 불만족을 결정짓는 요인들이다. 이와 같이 직무의 만족과 불만족을 결정짓는 요인들이 서로 다르기 때문에 불만족을 유발하는 요인들이 제거되었다고 해서 이 때문에 만족을 증가시키거나 유발시킬 수는 없고 단지 불만족수준만 경감될 수 있다고 주장한다.

Campbell과 Pritchard(1976)를 비롯한 여러 학자들은 이 이론의 문제로서 이론의 성립배경이 된 연구에 제한점이 있다는 것을 지적하였다. 그뿐만 아니라 직무만족과 불만족이 별개의 독립된 요인이라는 주장에 대해서 비판이 있기도 하다. 그러나 이 이론을 중심으로 해서 찬·반 양론이 크게 대립됨으로써 이 이론이 그 후의 직무만족이나 직무동기이론에 큰 영향을 미쳤다.

5) 기대-유인가 이론(Expectancy-Valence Theory)

Vroom(1964)은 직무만족에 대한 지각이 직무와 관련된 과거의 만족 경험에 의해서 결정되는 것이 아니라, 미래에 있게 될 사건에 대한 예견에 의해서 결정된다고 주장한다. 즉, 직무만족이란 장차 직무를 통해서 얻게 될 성과들이 얼마나 큰 가치를 지닌 것인가에 의해서 결정된다. 이는 곧 직무를 통해 얻게 될 성과 등이 얼마나 큰 가치를 지닌 것인가에 의해 직무의 만족 정도가 결정된다는 것이며, 직무를 통해서 얻게 될 성과들이 지니고 있는 가치를 유인가라고 부르고, 이 유인가를 +1의 값을 지니며, 가장 큰 부적 유인가는 -1의 값을 지닌다. 따라서 모든 성과들은 +1로부터 0을 거쳐 -1에 이르는 값 중에서 어떤 값을 지닌다. 직무를 통해서 얻을 수 있는 성과들에는 여러 가지가 있을 수 있기 때문에 직무에 대한 만족수준이란 작업자가 얻을 수 있는 성과들의 유인가들을 모두 더함으로써 측정할 수 있다. 즉, 직무를 통해서 얻을 수 있으리라고 보는 모든 성과들 각각이 지니고 있는 유인가의 총화가 전체적 직무만족을 결정한다. 그리고 Vroom은 직무만족을 직무에 대한 유인가와 그 직무에 머무르려는 두 가지 측면으로 나누어서 설명하였다.

먼저 직무만족을 직무가 지니는 유인가의 측면에서 보면, 직무가 지니는 유인가란 그 직무를 수행함으로써 얻을 수 있는 여러 성과들의 유인가에 이 성과를 얻기 위해서 이 직무가 얼마만한 도구성이 있다고 보는가 하는 두 가지 요인들을 곱해서 이를 모두 합한 값과 정적 일차함수관계를 이룬다. 한편 현재의 직무에 머무르려는 측면에서 보면, 현재 일하고 있는 직업에 머무르게 하는 힘은 그 직무가 지니는 유인가와 장차 그 직무에 머물 수 있으리라는 기대 강도를 곱한 값과 정적 일차함수관계를 이룬다. 이 두 가지 명제를 종합하여 정리해 보면 직무만족이란 앞으로 직무를 통해 얻게 될 여러 성과의 유인가와 각각의 성과를 얻을 가능성의 지각에 의해서 결정된다.

6) 업무만족이론(Business Satisfaction Theory)

Porter와 Lawler는 Vroom(1964)의 기대유인가 이론을 기초로 하여 노력, 업적, 보상 및 만족감등의 많은 핵심적 변수들을 추가하여 포괄적인 업무만족이론을 전개하고 있다. 이 이론에 의하면 조직구성원의 직무수행이 보상의 가치, 노력, 능력과 특성에 의해서 결정되고 이에 따른 내재적, 외재적 보상과 형평성의 자각에 의해서 직무만족이 일어난다. 그리고 이 만족이 다시 환류(feedback)되어 직무수행에 영향을 미치게 된다. Vroom의 기대-유인가 이론은 단순하게 성과와 동기부여(motivation)를 연결시키는 데 그쳤지만(송용섭, 1994), Porter와 Lawler는 〈그림 3〉과 같이 여러 변수들을 첨가하여 성과와 만족 간의 관계를 설명하였다.

〈그림 3〉 업무만족 모형

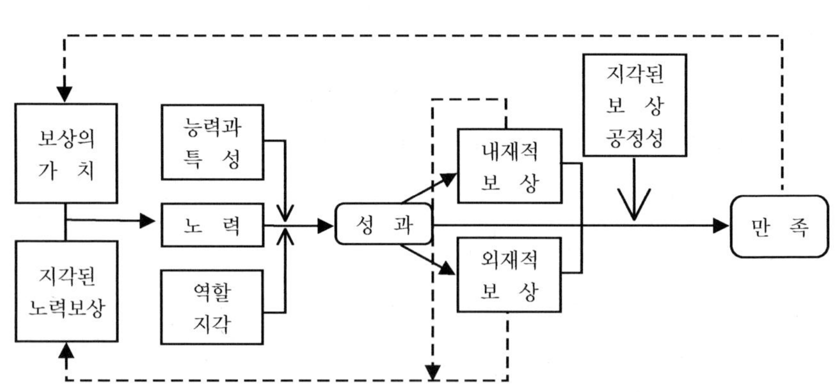

자료: 송용섭(1994), 김나라(2002)를 바탕으로 재구성.

〈그림 3〉에서의 내재적 보상(성취감 등)과 외재적 보상(물질적 보상, 쾌적한 작업환경 등)은 성과와 만족을 모두 야기한다. 즉, 보상에 대한 기대는 성과를 유도하며, 성과에서 결과로 나타난 보상 그 자체는 만족으로 나타난다(추헌, 1994). 또한 성과와 만족은 상호 관련성을 가지며, 개개인은 과거에 습득한 바 있는 경험이나 미래에 대한 기대감에 의해 동기를 부여받는다.

7) 국면 만족이론(Facet Satisfaction Theory)

국면 만족모형은 실제로 행위에 대한 보상과 그와 동등하다고 고려되는 보상 사이의 관계를 다룬 Porter와 Lawler의 업무만족이론을 확대한 것으로, 실제의 보상이 정당하다고 생각되는 보상보다 부족하다는 인식이 불만족이고, 이와는 반대로 실제의 보상이 정당하다고 생각되는 보상을 초과했을 때 만족이라는 결과가 생긴다.

이 모형은 차이이론과 형평이론의 핵심점을 종합해서 구성한 것이다. 먼저 주목해야 할 점은 자신이 실제로 받은 성과의 양에 대한 지각을 자신이 받아야 한다고 생각하는 성과의 양과 비교한다는 주장이다. 이는 차이이론의 기본 주장을 받아들인 것으로서, 차이이론에서 살펴본 바와 같이 여러 가지의 비교가능한 기준들 중에서 Lawler는 자신이 받아야한다고 생각하는 보상수준을 만족결정의 기준으로 보는 것이다. 그리고 비교할 타인의 투입 및 성과요인들에 대한 지각, 비교할 타인이 받는 성과들에 대한 지각, 그리고 실제로 받은 성과의 양에 대한 지각 등을 중요한 개념으로 설정한 것이라든가 최종적인 결과로서 만족, 불만족, 죄책감이 초래된다고 설명하는 것 등은 형평이론의 주장을 받아들인 것이다.

Lawler는 전체적인 직무만족을 직무의 모든 단면 또는 요인들에 대한 만족수준을 종합한 것이라고 주장하였는데 여기서 전체적인 직무만족이란 직무를 통해서 자신이 받아야 한다고 생각했던 성과와 자신이 실제로 받은 성과간의 차이를 총화한 값에 의해서 결정된다. 이때 직무의 요인들이 전체적 직무만족을 결정짓는 데 있어서 같은 비중을 차지하는 것이 아니므로 서로 다른 가중치를 지니는 것으로 생각할 수 있겠다. 따라서 전체적 직무만족은 다음과 같은 공식으로 산출될 수 있다(김재원, 1999).

전체적 직무만족＝Σ(직무만족에 대한 만족 × 그 단면의 중요도)

이와 같은 직무요인 각각에 대한 만족을 결정짓는 과정은 〈그림 4〉와 같다.

〈그림 4〉 국면만족 모형

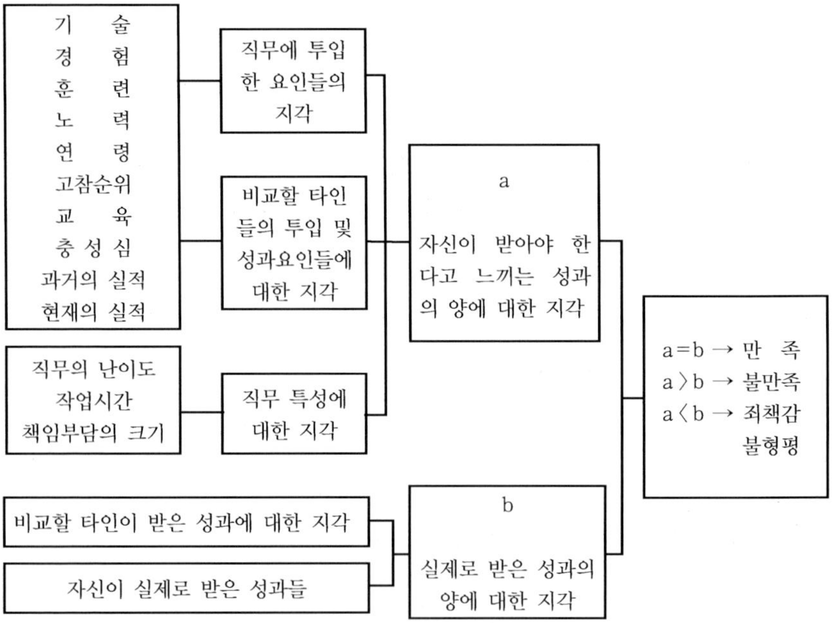

자료: Frank(1989), p.456 재구성

위의 〈그림 4〉과 같이 Lawler(1971)는 전체적 직무만족과 직무 관련 혹은 요인별 만족을 구분하는 것이 직무만족을 이해하는 데 길잡이가 되고, 봉급, 감독, 직무자체 등의 단면 혹은 요인에 대한 만족을 직무에 대한 전체적 만족과 구별해야 하며, 각각의 직무단면 혹은 요인들에 대한 만족을 결정짓는 심리적 과정들은 동일하다고 보았다. 결과적으로 이 이론은 어떤 개인이 직업의 한 부분 또는 어떤 특정한 측면에서 느끼는 감정들의 복합이 전반적인 직업 만족을 결정한다고 본다. 이는 개인에게 느껴지는 중요도에 따라서 일부 또는 어떤 측면들은 만족에 다소 영향을 미칠 수 있다. 이 이론에서 바람직하고 만족스런 상태는 투입(input)과 산출(output)이 균형을 이루는 때이다. 즉, 받아야 한다고 생각하는 것과 실제 받은 것이 균형을 이룰 때이다.

8) 일 적응 이론(Work adjustment theory)

일 적응 이론은 Lofquist와 Dawis가 1950년대부터 최근까지 계속하여 연구를 수행한 이론으로(Osipow & Fitzgerald, 1996), 일 적응은 개인이 일 환경과 일치성을 성취하고 유지하는 계속적이고 역동적인 과정을 일컫는 것으로, 일 적응 이론과 관련된 변인에는 크게 일 성격변인과 일 환경변인으로 구분할 수 있다. 일 성격변인에는 능력, 필요와 가치, 성격유형, 적응유형 등이 있고, 일 환경변인에는 능력요구, 보상체계, 환경유형 등이 있다. 이러한 변인들을 통해서 일 적응 지표인 충족, 만족, 지속적 활동(tenure) 등을 측정하고 일 성격과 일 환경의 일치성을 측정할 수 있다(Dawis & Lofquist, 1984; Osipow & Fitzgerald, 1996).

충족은 고용주나 조직이 어떤 목적을 가지고 목적을 달성하기 위하여 조직 내의 사람들이 과업을 수행할 것을 요구하는 데서 나온 개념으로서,

충족의 관점에서 개인의 일 환경은 수행해야 할 과업이며 따라야 할 규칙이 된다. 이때의 개인의 행동은 충족 평가의 기초가 되며, 일의 양과 질, 직무적합성, 등으로 구성된다. 만족은 일의 환경이 개인의 필요를 채워주는 결과로, 능력의 활용, 사회봉사, 인간관계, 도덕적 가치 등으로 평가하며, 지속적 활동(tenure)이란 개인이 일 환경에 남아 있는 기간으로 정의될 수 있는데 이것은 일 적응의 지표이며, 일에 적응한 결과이므로 충족과 만족의 수준을 나타내는 것이며, 이들을 통해 측정될 수 있다(황준오, 1998).

이러한 적응 이론은 다음과 같은 내용을 내포하고 있다(Osipow & Fitzgerald, 1996). 첫째, 일은 개인과 환경과의 상호작용으로 서로 상대방에게 요구사항이 있다. 둘째, 일 환경은 수행되어야 할 과업을 요구하며 개인은 과업을 수행하는 기술을 가지고 있어야 한다. 셋째, 개인은 과업수행에 따른 보상과 작업조건(안정성, 편안한 장소, 우호적인 분위기, 성취의 기회 등)을 요구한다. 넷째, 요구조건이 맞지 않으면 개인과 환경은 변화를 시도하거나 상호작용 하는 관계를 청산한다. 다섯째, 개인과 일 환경이 상대방의 요구에 상호작용하는 계속적인 과정을 일 적응(work adjustment)라고 한다. 여섯째, 개인과 일 환경이 상대방의 요구에 부응하는 정도를 일치성(correspondence)라고 한다. 일곱째, 일 적응의 기본적인 두 가지 척도는 개인이 일 환경으로부터 얻는 만족(satisfaction)과 일 환경이 만족을 충족하는 것(satisfactoriness)이다. 여덟째, 지속적 활동(tenure)은 일 적응의 결과이다. 아홉째, 일 적응에 관련된 개인의 주요한 특징을 총괄하여 개인의 일 성격(work personality)이라고 한다. 일 성격은 개인의 기술, 필요, 능력, 가치 등으로 설명될 수 있는 개인적 구조(personal structure; status characteristics)와 환경에 상호작용하는 개인의 민첩성, 활동수준, 리듬, 인내심 등으로 설명될 수 있는 개인의 유형(personal type; process characteristics)의 두 가지 특징을 구성된다. 열째, 일 환경은 일 성격과 동등한 용어로 설명할 수 있다. 일 환경구조는 기술

요구, 필요보상 등으로 구성된다. 일 환경 유형은 민첩성, 활동수준, 리듬, 인내심 등으로 설명할 수 있다. 열한 번째, 일 적응은 일 성격과 일 환경과의 일치성으로 예측할 수 있다. 이를 〈그림 5〉와 같이 나타낼 수 있다.

〈그림 5〉 일 적응 모형

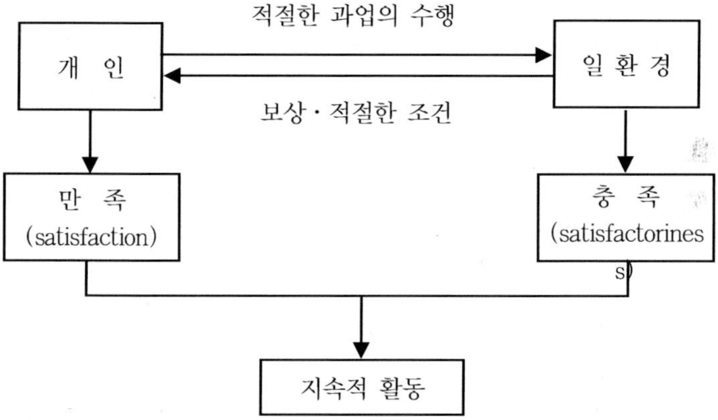

적절한 과업의 수행

개 인 → 일 환 경

보상 · 적절한 조건

만 족 (satisfaction)　　　충 족 (satisfactoriness)

지속적 활동

자료: 황준오(1998). p.22 참조하여 재구성

3. 참여만족도

1) 참여만족도의 개념

만족도와 관련된 이론들을 통해 만족의 개념이 다양하게 규정되고 있음을 알 수 있다. Porter(1961)는 만족을 사람이 원하는 것에 의해 결정되는 것이 아니고 사람이 받아야 마땅하다고 기대하는 것에 의해 결정되는 것이며, 만족은 얼마만큼 받아야 마땅하다고 느끼는가에 의해 결정된다고 보았다. 또한 Katzell(1964)은 만족을 실제로 존재하는 것과 어떤 바라는 것 간의 차이로 보고, 이 차이가 바라고 있는 자극의 양에 의해 나누어져야 한다고 하였다. 이에 반해 Adams(1965)는 만족이란 직접적으로 그 사람의 지각(인지)된 투입과 결과(보상) 간의 균형에 의해 결정된다고 보았다.

Burr(1970)은 만족이란 이에 영향을 미치는 요인이 물질적이든 정신적이든 간에 인간의 심리적 또는 주관적인 느낌으로서 일정한 목표나 욕구의 달성에 대한 한 개인의 주관적 감정상태이고, 이러한 만족은 인간의 기대와 실제로 받는 보상 사이의 일치 정도 및 주관적으로 경험한 즐거움과 즐겁지 않음, 행복 혹은 불행과 같은 현상으로 보았다. 이러한 만족은 기본적으로 보상의 문제로서 개인이 어떠한 활동을 행함으로써 얻게 된다(Homans, 1961). 또한 실제로 사람들은 활동의 보상에 만족할 때 그 활동이 만족스럽다고 말한다(Ragheb, 1980; Ragheb & Beard, 1982). 이에 Burr et al.(1979)은 만족을 두 가지로 분류하고 있는데, 첫째는 만족이란 한 개인이 갖는 기대와 실제로 받은 보상 사이의 일치의 정도라는 입장이고, 둘째는 주관적으로 경험되어진 만족과 불만족, 혹은 행복과 불행, 즐거움과 즐겁지 않음의 현상이라고 보는 입장이다.

이러한 만족의 개념을 바탕으로, 환경NGO 활동에 참여하고 있는 참여자들의 참여활동의 효과 및 만족도를 조직의 입장에서는 활동 참여자들의 수, 참여시간, 화폐단위로 환산한 시간당 기여도 등으로 측정할 수 있으며, 지역사회 차원에서도 활동 참여자 수의 증가, 참여활동으로 인한 서비스 증가의 기여액 등으로 파악할 수 있을 것이다. 그러나 활동 참여자 개인에게 주는 효과는 이러한 수치로 단순하게 측정하기 어렵다. 이는 활동을 통해서 참여자 개인에게 주어지는 결과 또는 보상에서 계량적으로 측정할 수 있는 물질적 측면보다는 심리적, 정서적 측면이 강조되기 때문이다.

이러한 심리적 측면의 효과를 측정하기 위해 많이 사용되는 개념이 만족이다. 만족은 개인이 사회체계 또는 조직에 대해 갖는 감정적 반응 또는 상태라고 할 수 있으며, 이는 개인의 가치나 욕구와 관련되어 있다(윤익수, 1981; 권지성, 1999).

따라서 만족은 개인의 욕구충족의 정도로 측정할 수 있으며, 환경NGO 활동에 있어서도 활동 참여자가 환경NGO 활동을 통해서 달성하려고 하는 욕구충족의 정도로 만족도를 측정할 수 있다.

만족도에 관한 연구는 다양한 분야에서 이루어졌는데, 먼저, 권지성(1999)은 만족을 개인이 가지는 감정적 반응 또는 태도라고 할 수 있으며, 이는 가치나 욕구와 관련되어 있는 것으로 볼 수 있다고 하였다. 또한 만족이란 인간이 기대하는 것과 현재 지각하고 있는 것과의 차이라고 볼 수 있으며(임광명, 2000), 이는 바램이나 욕구에 대한 충족감이나 희열이며, 불만족은 기쁘지 않거나 만족스럽지 못한 느낌이나 상태이다. 만족과 불만족의 개념은 서로 분리된 개념으로 보거나 만족에서 불만족에 이르는 연속된 개념으로 보는 두 견해가 있지만 대부분의 연구에서는 연속적 개념으로 사용된다고 하였다(김순미, 1993). 이러한 만족은 사회체계와 관련하여 일반적 만족과 직무만족으로 구별하기도 한다. 사회체계의 구성원이 체계에 대하여 갖는 적극적인 감정지향의 정도를 만족이라고 한다면, 사회체계의 일부로서 조직에 대한 만족은 직무만족이라고 할 수 있다(윤익수, 1981).

특히 Shindler-Rainmain과 Lippitt(1984)는 조직활동의 참여자들로 하여금 지속적인 활동을 유도해 내기 위해서 그들의 만족을 증가시키는 긍정적인 요인들을 다음과 같이 제시하고 있다. 첫째, 다른 사람의 생활을 변화시킬 수 있는 어떤 의미 있는 일에 공헌하여 무언가 달라지게 한다라는 느낌을 갖도록 하는 것이다. 둘째, 자아성취감(self-actualization)이다. 이는 자기에게 적합한 일을 하고 있으며, 이 일에 더 능숙해져가고 있다는 느낌을 들도록 하는 것이다. 셋째, 활동 참여자들이 자신들에게 중요하게 여겨지는 개인이나 집단의 지지와 지원을 받거나 친구들과 자신의 활동에 대하여 많은 토론을 하거나 회사 동료 등이 활동에 대해 공식적 인정을 해 주거나 활동의 중요성을 말하는 언론매체의 기사를 읽는 것 등은 자신들의 헌신을 정당화시켜주고 만족을 느끼게 하는 중요한 요인이 된다. 넷째, 참여자들이 일하는 기관에 대하여 갖는 생각인데, 참여자들의 시간을 조정하여 적절하게 활동을 배정하는 것, 휴식장소 제공, 활동에 소요되는 비용 제공 등의 여러 가지 면에서 편리를 제공해 주는 것이다.

한편, Moore(1985)는 자원봉사자들이 돈을 받지 않고 일을 하려는 것은 그들이 자원봉사활동에서 충족할 수 있는 욕구를 가졌기 때문이고, 만약 그들이 자원봉사활동 업무를 통해 그 욕구가 충족되면 만족할 것이고, 만족감을 느낀다면 배정된 업무에 계속 머무름을 주장함으로써 욕구의 충족과 만족과의 관계를 시사하였다. 특히 봉사활동의 만족도를 구성하는 요소들을 두 가지 측면에서 제시했는데, 첫째는 이타적은 측면에서 자원봉사자들이 이타주의적인 동기를 가지고 있어서 봉사활동에 대한 만족을 얻게 된다는 것이고 둘째, 자애적인 측면으로 자신의 복지를 위한 이기적 관심을 만족시키기 위해서 자원봉사활동을 한다는 것이다.

이상과 관련하여 환경NGO 활동 참여만족도는 참여자가 환경NGO의 활동을 통해 원하는 것을 기대한대로 또는 그 이상으로 충족하고 감동받는 것을 의미하며, 활동의 재참여 및 그와 관련된 활동에 대해 지속되는 상태라 할 수 있다.

2) 참여만족도의 측정

Moore(1985)의 주장에 근거하여 선행연구들은 자원봉사활동의 욕구충족이 만족과 관련됨을 가정하고, 욕구의 충족 정도를 만족도의 측정도구를 사용하고 있다(김상욱, 1990; 조휘일, 1988; 권지성, 1999; 최순옥, 1999; 김소영, 2000; Francise, 1983).

권지성(1999)과 최순옥(1999)의 연구에서는 Francise(1983)가 제안한 동기-욕구를 이용하여 척도를 구성하였는데 그 내용은 다음과 같다. 자원봉사의 동기 또는 욕구는 첫째, 경험의 욕구(need to experience)로서 실제적인 이득, 자아성장의 욕구이다. 둘째, 사회적 책임감 욕구(need to express social responsibility)로서 이타적 동기들을 포함한다. 셋째, 사회적 접촉의 욕구(need for social contact)로서 친교 및 사회경험에 대한 욕구이다. 넷째, 타인기대 부응욕구(need for meeting other's expectation)는 의미 있는 주위 사람 또는 조직의 압력에 대응하는 것을 말한다. 다섯째, 사회적 인정 욕구(need for social approval)로서 사회적 존경에 대한 욕구이다. 여섯째, 사회적 교환욕구(need to provide future returns)는 미래의 보상에 대한 욕구이다. 일곱째, 성취욕구(need to achieve)는 개인의 성취에 대한 욕구를 말하는 것으로 세분하여 볼 수 있는데, 이들 욕구가 충족되면 활동의 만족도도 높은 것으로 간주하고 있다.

김상욱(1990)은 자원봉사자의 동기를 네 가지 측면으로 구분하였는데, 첫째, 이타적 측면, 둘째, 자애적 측면, 셋째, 지속동기측면, 넷째, 전반적인 만족으로 분류하여 각각에 대한 만족 정도를 만족도로 측정하였다. 즉, 이 네 가지 동기가 충족되면 만족이 높은 것으로 간주하였다. 특히 권지성(1999)은 활동의 만족은 욕구충족에서 비롯되는 것으로 볼 수 있으며, 만족도를 측정하기 위해서는 활동을 통해 활동 참여자들이 얼마나 욕구를 충족시켰는가를 조사해야 한다고 강조하고 있다.

김경미(1998)는 대학생의 교육서비스에 대한 요구와 만족도에 관한 연구에서 학습자를 소비자로, 만족도를 소비자 고객만족도로, 소비자 고객만족도를 기대/불일치 모델(the expectation/disconfirmation model)로 설명하였다. 이 모델은 고객의 구매전 기대가 긍정적, 부정적으로 일치되느냐가 만족, 혹은 불만족 판단의 결론을 이끈다고 설명하고 있다. 이 모형의 도식은 〈그림 6〉과 같다.

〈그림 6〉 기대/불일치 모형

지각된 실제 성과 〉 기대한 성과: 긍정적 불일치 - 만족

지각된 실과＝기대한 성과: 일치 - 만족

지각된 실제 성과〈기대제 성한 성과: 부정적 불일치 - 불만족

이 모델은 고객의 기대와 실제 지각된 성과 사이의 불일치를 통하여 만족과 불만족이 형성되는 것을 설명하였다는 점에서 중요한 의미를 가지나, 고객의 기대, 성과, 불일치 등이 고객만족도에 미치는 효과는 단순하게 가정할 수 없는 복잡한 상호작용을 갖는다는 점을 인지하고 있어야 한다(임광명, 2000).

지속동기와 기대이론을 적용하여 만족도 구성요소로 설정한 연구에서 기대이론은 왜 자원봉사자들이 계속해서 활동에 머무르느냐를 설명하는 데 가장 설득력 있는 것으로 평가되고 있다(이성화, 2002). 즉, 자원봉사자가 담당한 활동이 그의 기대에 상응하지 못할 경우 활동을 계속하려는 동기는 감소할 것이기 때문에 자원봉사자를 계속 프로그램에 머물게 하려면, 봉사업무의 수준과 성격이 그들의 기대에 적합하도록 유지되어야 한다는 것이다(Moore, 1985). 자원봉사자는 자신이 하고 있는 일에 대하여 흥미를 느끼며 그 일을 통해 자신이 바라는 보상을 받을 수 있으며, 아울러 이 일을 잘 수행할 수 있다고 여길 때 지속할 것이다. 기대이론에서는 인간의 행동을 지속화하는 데 영향을 미치는 요인으로서 설정한 선호도(일에 대한 흥미), 수단성(욕구충족에 대한 신념), 기대성(봉사활동수행 능력에 대한 신

념)의 세 가지 요소를 가지고 만족을 측정하였다.

결과적으로 만족은 인간의 심리적 또는 주관적인 느낌으로서 일정한 목표나 욕구충족에 대한 개인의 주관적 감정상태로 유쾌한 또는 긍정적 감정상태라 할 수 있으며, 참여만족도는 참여자들이 조직에 참여함으로써 활동을 통해 자신의 참여의지가 충족된 상태라고 할 수 있다. 환경NGO 참여만족도 또한 주관적이고 추상적인 개념이지만 일정한 함수관계를 갖는 측정변수로 기능할 수 있다. 따라서 환경NGO에 참여한 참여자들의 기대를 환경NGO가 가지고 있는 프로그램들이 얼마나 충족시켰느냐에 따라 참여만족도가 달라질 수 있다.

따라서 이 연구에서의 참여만족도는 환경NGO 활동에 참여하는 지역사회주민들이 환경NGO 활동을 통해 자신들이 활동에 참여하기 전에 기대했던 것들이 어느 정도 만족되었는지의 정도를 의미한다. 환경NGO에 참여하는 이들이 그 활동을 통하여 얻은 보상이나 성과를 측정하는 것은 지속적인 참여를 통해 운동을 활성화시키고, 새로운 참여자 동원에 필요한 기초적인 자료를 제공해 줄 수 있다. 하지만 환경NGO 활동 참여자의 경우 참여의 결과 얻게 되는 보상이나 성과가 화폐와 같이 수량화가 가능한 형태로 지급되는 것이 아니기 때문에 이를 측정하기 위해서, 만족도에 관한 연구동향을 살펴보고, 선행연구에서 만족도에 영향을 끼쳤던 변인들을 살펴보았다.

3) 참여만족도에 관련된 선행연구

만족도와 관련된 연구는 다양한 분야에서 이루어졌다. 특히 국내에서의 만족도에 관련된 연구는 자원봉사자들을 대상으로 한 연구가 주류를 이루고 있다. 특히 이러한 연구 중에서 이종혜(2001)는 소비자단체에 참여하고 있는 주부의 참여만족도를 연구한 바, 참여만족도에 영향을 끼치는 요인으로 참여동기, 업무인식도, 대인관계(가족과 친구의 지지), 참여기간 및 참여경로를 들고 있다.

이종혜의 연구결과에 따르면, 가족의 지지가 높을수록(이성화, 2002; 김소영, 2000; 권지성, 1999; 김혜경, 1999; 우태주, 1999; Gidron, 1983), 참여기간이 길수록, 활동에 대한 인식수준이 높을수록 참여만족도에 긍정적 영향을 끼친다고 하였다. 특히 우태주(1999)의 연구에서는 가족들의 이해와 지지가 활동을 지속하는 데 중요한 변인이 되며, 이수영(1991)의 연구에서도 가족의 호응도가 높은 활동 참여자들은 그렇지 못한 참여자에 비해 활동에 지속적으로 참여함을 밝히고 있다. 또한 친구의 지지가 만족도에 영향을 미친다고 한 이종혜(2001)의 연구, 친구의 지지는 참여만족도에 영향을 끼치지 못한다고 한 권지성(1999)의 연구결과가 있었다.

이외에도 이근주(2002)는 참여동기에 따라서 만족도에 영향을 끼친다고 하였는데, 참여동기가 충족된 경우에는 그렇지 않은 경우보다 더 높은 만족을 나타내고 있음을 강조했다. 이와 관련하여, 참여동기가 참여만족도에 관련이 없다고 밝힌 최순옥(1999), Black과 DiNitto(1994)의 연구가 있었고, 참여동기에 따라 참여만족도에 차이를 보인 홍승혜(1995), 권지성(1999), 김소영(2000), 이종혜(2001), 이근주(2002), Brown과 Zahrly(1989), Clary et al.(1998), Mesch et al.(1998)의 연구가 있었다.

참여만족도에 있어서 활동내용의 모호성이 적을수록 만족도는 높아진다는 연구결과가 있는데, 이와 관련하여, 김소영(2000), 권지성(1999), 모옥희(1995), 홍승혜(1995), 유경희(1994)는 활동내용이나 업무의 적절성이 참여만족도에 영향을 끼친다고 하였다. 활동내용에 대해 잘 인식하고 있거나, 긍정적인 사고를 가지고 있고, 참여자의 능력과 적성에 맞게 업무를 맡고 있다면 만족도는 높아짐을 밝혀내고 있다. Gidron(1983)은 업무의 적절성에 대해서 활동 참여자들 자신의 업무가 적성에 맞는 것인가 뿐만 아니라 활동량, 활동시간, 활동장소와의 거리, 활동에 대한 준비부담 등에 의해서도 결정된다고 하였다.

이외에도 김상욱(1990), 이성록(1993), 홍승혜(1995), 권지성(1999), 이종혜(2001), 이근주(2002)는 업무인식도가 만족도에 가장 많은 영향을 미치는 것으로 강조하였고, Brown과 Zahrly(1989)는 사람들은 다양한 유형의 보상을 추구하고 그에 따라 만족을 느끼기 때문에, 참여동기요인을 파악하는 것이 중요하다고 하였다. 이성록(1993) 또한 동기변수들이 참여에 중요한 영향을 끼치고 그에 따라 만족도가 달라짐을 강조하고 있다. 고유경(1997)은 참여자를 비자발적 참여자와 자발적 참여자로 구분하여 분석한 결과 비자발적 참여자가 만족도가 높은 것으로 나타났으며, 지속동기는 낮은 것으로 분석되었다.

김상욱(1990)은 조직의 참여이유 중에서 이기적 동기가 강하게 나타날 경우, 오랫동안 기관이나 활동대상자와 관계를 맺고 지속적으로 활동하기보다는 단기간 동안 자신에게 의미 있는 경험을 추구할 가능성이 높고, 또한 활동에 대해 만족하게 되면 활동을 지속하게 되리라고 보았다. 이는 참여활동기간이 길수록 참여만족도가 높다고 한 이종혜(2001)의 연구결과와 같았다.

Dumazedier(1974)는 활동을 통한 만족상태가 종료되거나 파괴되면 개인은 상응하는 활동을 지속하지 않는다고 주장하였으며, 정병오(1997)는 참여자들의 직업이나 적성에 맞는 업무를 하게 되었을 때 활동의 만족도와 지속성을 높일 수 있음을 밝히고 있다. 특히 조휘일(1990)의 연구에서는 봉사활동 만족도와 자원봉사 활동의 지속성과 참여강도가 강한 상관관계를 보여주었으며, 봉사활동의 만족도를 높이는 것이 봉사활동의 성과를 높일 수 있는 가능성이 있다고 지적하였다(엄미선, 1985).

이외에도 이성록(1993)은 담당직원과의 관계를 여러 활동 관련 대인관계 요인 중 활동 참여자들의 만족도에 가장 결정적으로 작용할 수 있는 변인으로 뽑고 있다. 그리고 담당직원의 태도는 업무인식도와 동료관계 및 활동대상자와의 관계 등 다른 요인들을 조작적으로 통제할 수 있는 가능성을 가지고 있으므로 활동 참여자들을 효율적으로 관리할 수 있는 측면에서 매우 중요하다고 하였다.

개인적 특성변인 중 성별은 참여만족도에 차이가 없다고 밝힌 김상욱(1990), 권지성(1999), 이근주(2002)의 연구가 있었고, 김상욱(1990)은 결혼유무에 따라서도 참여만족도에 차이가 없다고 하였다. 엄미선(1985)의 연구에서는 연령이 많을수록(이종혜, 2001; 홍승혜, 1995; 이성록, 1993; 장묘욱, 1992), 결혼한 사람일수록, 활동기관에서 교육을 많이 받을수록 활동을 오래하는 것으로 보았고, 특히 장기적으로 활동을 한 참여자들은 단기간 활동을 한 사람들보다 활동에 대해서 더 만족하고 있는 것으로 나타났다. 엄미선(1985), 임광명(2000)은 연령은 참여만족도에 영향을 끼치는 요인으로 지적하고 있다. 교육수준과 만족도와의 관계에서는 대부분의 선행연구에서 통계적으로 유의한 차이를 얻지 못하였으나(이성화, 2002; 이근주, 2001; 이종혜, 2001; 김소영, 2000; 임광명, 2000; 최순옥, 1999; 박정희, 1994; 장묘욱, 1992; Gidron, 1984), 이성록(1993)의 연구에서는 교육수준에 따라 만족도에 차이가 있었다.

이성록(1993), 홍승혜(1995)의 연구에서는 종교가 있는 경우가 만족도가 높았고, 다른 연구에서는 종교가 참여만족도에 유의한 영향을 미치지 못하는 것으로 나타났다(권지성, 1999; 최순옥, 1999; 김소영, 2000; 이성화, 2002).

위의 선행연구를 통해 만족도에 영향을 미치는 요인을 나타내면 〈표 Ⅱ-3〉와 같다.

<표 Ⅱ-3> 선행연구에서의 만족도 관련 변인들

연 구 자	선행연구		본 연구 사용변인	
	관련 변인	개인적 특성	관련 변인	개인적 특성
김상욱(1990)	업무의 인식도 관리책임자의 태도 동료봉사자와의 관계 총 활동기간, 주당활동시간, 통근시간, 활동대상, 업무의 종류, 예상되는 중단이유	성별, 연령, 결혼여부	활동영역 활동내용인식 가족지지 친구지지 참여기간 참여시간 참여경로 참여동기	성별, 연령, 결혼유무, 교육수준, 종교소득, 직 업
권지성(1999)	참여형태 업무인식도 기대합치도 활동내용적절성 담당직원과의 관계 동료활동가와의 관계 가족지지 친구지지 소집단지지	성별, 학년, 전공, 종교, 활동경력, 참여동기		
임광명(2000)	기질적요인 사회심리적요인 상황적요인 정보적요인	연령, 학력, 컴퓨터교육 경험, 직업유무, 취업경험		
김소영(2000)	참여동기, 활동내용 참여경로, 참여시간 참여기간, 업무적절성 활동 동료와의 관계 직원과의 관계 대상자와의 관계 가족지지	연령, 가족 수, 자녀수, 막내자녀의 나이, 시(친)부모와의 동거여부, 종교, 학력, 월소득, 취업경험유무, 이전직업		
이종혜(2001)	참여동기 업무인식도 대인관계(가족/친구지지) 참여기간 참여경로	성별, 연령, 교육수준, 종교, 직업 평균 가계소득		
이근주(2002)	참여동기 업무수행방법모호성	성별, 소득, 교육수준, 인종, 연령		
이성화(2002)	참여동기 담당직원, 봉사자간의 상호 관계, 업무의 적절성, 업무의 흥미, 구전의사, 욕구충족 정 도, 활동의 수행능력, 재참여 의사, 정보취득경로, 참여경 로, 활동업무, 거주지	성별, 연령, 혼인, 종교, 직업, 학력, 소득수준, 가족호응도, 인지도, 이전 활동경험		

위의 〈표 Ⅱ-3〉에서 나타난 바와 같이 선행연구를 통해서 만족도와 관련된 변인들을 고찰해 보았다. 만족도에 영향을 미치는 요인은 여러 가지로 분류될 수 있으나, 본 연구에서는 이들 연구 중에서 환경NGO 활동 참여자들에게 영향을 끼칠 변인들을 활동관계변인, 대인관계변인, 참여행태변인, 개인적 특성변인으로 구분하였다.

활동관계변인은 활동영역과 활동내용인식의 정도로, 대인관계변인은 가족의 지지와 친구 및 동료의 지지로, 참여행태변인은 참여기간, 참여시간, 참여경로, 참여동기로 구성하였고, 개인적 특성변인은 성별, 결혼유무, 연령, 교육, 종교, 소득, 직업으로 설정하여 참여만족도와의 관계를 살펴보았다.

4. 참여만족도에 미치는 영향요인

1) 활동관계변인

환경NGO에서 회원들의 특성이나 적성, 요구사항 등을 고려하여 참여활동에 배치할 경우에 해당 활동이 회원에게 어떻게 인식되었는가의 여부는 참여만족도에 영향을 줄 수 있다. 활동 참여자들이 자신이 수행하고 있는 활동영역이나 활동내용에 대한 인식도에 따라 자신의 태도를 결정하게 된다. 즉 현재의 활동영역이 공헌성이나 자아성취성 및 신임성 등의 욕구에 충족되지 않는다고 생각하면 만족도는 떨어지게 되고 활동가들의 현재의 활동을 중단하게 될 것이다. 따라서 참여자들의 만족도를 높이기 위해서는 참여자들로 하여금 자신의 활동에 대한 인식도를 높이기 위한 관리방법이 중요하다.

이와 관련하여 Gidron(1977, 1984), 조휘일(1990), 김상욱(1990), 이성록

(1993), 홍승혜(1995), 권지성(1999), 이종혜(2001)의 연구들에서 조직활동의 만족도에 활동영역이 영향을 미치는 요인으로 나타났다. 이에 이 연구에서는 활동 관련 변인을 활동내용인식과 활동영역으로 구분하여, 이 변인이 참여자들의 참여만족도에 어떠한 영향을 끼치는지 살펴보았다.

① 활동영역

환경NGO나 단체에서의 활동 참여자들이 담당하는 업무는 조직이 중요시하는 분야와 형태에 따라 매우 다양하다. 사회복지기관에서의 참여자들은 대체로, 행사보조, 사무보조, 학습지도, 조사연구, 전문기술 및 기능 활동, 노력봉사, 위문활동 등으로 활동영역을 분류할 수 있으며, 크게 단순노력봉사와 전문적, 기능적 봉사로 나누기도 한다(김성이, 1988; 정무장관 제2실, 1993).

아직 대부분의 환경NGO들은 활동 참여자들에게 노력봉사 정도의 업무를 맡기고 있지만, 최근에는 전문적인 활동영역이 증가하고 있다. 특히 환경NGO 활동에 참여하고 있는 대상자들이 각계각층으로 분포되어 있고, 이들이 참여할 수 있는 활동영역 또한 다양해졌다. 환경NGO에 참여하고자 하는 참여자들에게 관심활동내용을 먼저 선택할 수 있도록 하고, 그에 따라 전문가가 활동영역에 대해 상세히 인식시켜주고 있다. 특히 대학생의 경우 전공과 관련하여 활동영역도 전문 분야에 참여할 수 있도록 하고 있으며, 이는 활동을 통한 봉사와 학습이라는 것을 통해 만족도를 높이기 위한 방안이기도 하다(www.kfem.or.kr).

권지성(1999)은 대학생이 대인접촉을 통한 직접 활동영역과 업무보조 등의 간접 활동내용으로 분류하여 조사한 결과, 업무보조와 같은 활동들은 별다른 부담 없이 경험삼아 해 볼 수 있는 장점이 있는 반면에 단조로움을 느낄 수 있고, 직접 봉사는 업무내용의 단조로움은 없지만 대상자와의 관계에서 갈등이 있을 경우 활동의 지속이 어려워짐을 발견해 냈다. 또한 참여자들이 수행하고 있는 활동에 대한 인식이 긍정적일수록, 그리고 활동이 자신에게 적절하다고 생각할수록 만족도도 높아진다고 하였다.

조직활동 참여자들의 특성과 욕구, 적성을 고려하여 적절한 활동영역에 배치했다고 하더라고 실제로 해당 활동이 참여자에게 적절하지 않은 경우가 많다. 이러한 활동의 적절성 또한 참여자의 만족도에 영향을 줄 수 있다. 정병오(1997)는 질적 분석을 통해서 자원봉사자가 직업이나 적성에 맞는 업무를 하게 되었을 때 봉사활동의 만족도와 지속성을 높일 수 있음을 밝히고 있다.

또한 활동영역의 적절성은 참여자가 자신의 활동이 적성에 맞는 것인가의 여부뿐만 아니라 활동량, 활동시간, 활동장소와의 거리, 활동준비부담에 의해서도 결정된다(Gidron, 1977, 1984). 특히 활동 참여자들은 자신이 조직에서 행하는 활동영역을 통하여 자신의 욕구를 충족 받으려 한다. 그러므로 자신에게 주어진 활동내용이 욕구를 충족시켜 주지 못한다면 활동에 대하여 만족하지 못하게 된다(김상욱, 1990).

따라서 활동에 대한 참여자들의 인식과 활동 전에 가지고 있던 활동영역에 대한 기대와 실제 활동영역 간의 일치 정도, 그리고 활동영역과 참여자들 간의 적절성 등에 따라 만족도가 달라질 수 있다.

② 활동내용의 인식

특정 조직에 참여하기로 결정한 이유는 그 조직에서 자신이 수행하는 업무나 활동이 자신의 참여동기를 충족시켜 줄 수 있다고 기대하기 때문이다. 그리고 활동의 경험이 자신의 참여동기와 일치할 경우 만족도는 높아지게 된다(Knoke & Wright-Isak, 1982). 활동참여에 대한 보상은 여러 가지 방법으로 이루어질 수 있다. 우선, 일정한 기대를 갖고 특정 조직의 활동에 참여하는 것만으로도 만족감을 느낄 수 있다. 왜냐하면 특정 조직을 선택하는 것은 이 조직에서의 활동이 자신이 추구하는 가치나 목표를 달성해 줄 수 있다는 기대와 믿음에 기초하고 있기 때문이다. 하지만 더 큰 만족은 참여 후 활동을 실제 경험하고 난 후의 개개인의 평가에 기초하는 경우가 대부분이다(이근주, 2002).

김상욱(1990)은 활동 인식도를 다음과 같은 하부개념으로 들고 있다. 첫째, 자율성(Autonomy)이다. 즉 업무에 관련된 독립성 및 업무수행 시 허용되는 자유이다. 둘째, 중요성(Significance)이다. 이는 업무가 조직내외를 막론하고 다른 사람의 생활 또는 업무에 영향을 미치는 정도를 의미한다. 셋째, 완결성(Identity)이다. 자기노력의 결과를 인식할 수 있는 정도를 의미한다. 넷째, 다양성(Variety)이다. 업무를 수행하는 데 있어서 광범한 활동이 요구되는 정도를 말한다. 다섯째, 협력성(Dealing with other)이다. 이는 업무를 수행하는 데 있어서 다른 사람들과 같이 일을 해야 하는 정도를 의미하는 것으로 보고, 이들과 만족도와의 관계를 보았을 때, 이는 만족도와 관련된 변수 중 가장 큰 영향을 미치고 있음을 밝혔다.

또한 이성록(1993), 모옥희(1995), 홍승혜(1995), 정병오(1997), 권지성(1999), Gidron(1983)의 연구에서도 활동내용과 관련하여 어떻게 인식하고 있는가가 만족도에 있어서 중요한 변수로 밝혀졌다. 모옥희(1995)의 연구에서는 적절한 활동에 배치했을 때, 봉사활동의 만족도와 지속성이 증가한다는 결과가 나왔고, 유경희(1994)의 연구에서는 중도탈락자 집단이 지속적인 집단에 비해 활동 배치에 있어 훨씬 부적절하게 생각하고 있는 것으로 밝혀졌다. 권지성(1999)의 연구에서는 활동내용을 업무인식도, 기대합치도, 업무적절성으로 구분하여 측정하였는데, 자원봉사자가 수행하는 업무의 특성에 대한 자원봉사자의 인식에 따라 만족도가 달라질 수 있으며, 활동 전 자원봉사자가 가지고 있던 기대와 실제 활동 간의 일치 정도, 그리고 자원봉사자가 수행하고 있는 활동내용이 해당자원봉사자에게 적절한 것인가의 여부도 만족도에 영향을 미치는 것으로 나타났다.

이근주(2002)는 조직의 활동 참여자들의 활동을 통하여 얻는 만족의 수준은 참여를 결정할 당시에 갖고 있던 참여동기와 실제 활동과정의 경험이 독립적으로 작용하기보다는 상호작용에 의하여 좌우되는 경향이 크다고 말하고 있다. 예를 들어 수행해야 할 업무가 명확하게 구성되어 있는 정도나 활동의 사회적 의미와 중요성 등은 참여자의 만족도에 커다란 영향을 미칠 수 있다. 그리고 이러한 활동의 특성은 다른 동기를 가진 사람들에게 다르게 인식되고 평가되어 만족도에 상이한 영향을 미칠 수 있다고 하였다.

위의 연구들을 통해 활동 참여자들은 자신에게 부여된 활동내용을 인식하는 정도 및 수준, 주어진 활동내용을 보다 효과적으로 수행하기 위한 방법 그리고 어떠한 기준으로 해당 활동의 성과가 평가되는지 등에 따라 만족도수준에 영향이 있음을 알 수 있다. 개인에게 주어진 활동내용의 수행과 관련된 정보가 부족하거나 부정확할 경우, 활동에 대한 인식이 부정적이거나, 자신이 참여하고 있는 활동내용이 적절하지 않으면, 활동영역의 수행을 통한 만족수준을 높이는 것이 어렵게 된다. 활동내용과 관련된 모호성이 높을수록 활동인식이 부정적이거나 자신들이 원하는 것을 충분하게 얻지 못하게 되면 참여활동의 만족을 느끼는 데 방해받을 것이기 때문이다.

또한 참여자들은 자신이 수행하고 있는 활동이 사회적으로 의미가 있는 일이며, 그 결과 다른 지역사회 주민들의 복지수준이 높아지는지의 여부, 그들에게 실제로 도움이 되는 활동인지, 도움을 받은 사람들이 진정으로 그 도움에 대하여 높게 평가하는지의 여부 등에 대해서 보다 많은 관심을 갖고, 따라서 자신에게 할당된 활동을 언제, 어떻게 수행하고 활동의 결과가 어떻게 평가되는지를 중요시한다.

특히 조직의 활동 참여자들은 조직활동의 결과가 사회적으로 의미가 있으며 자신들의 활동으로 인해서 다른 사람들의 복지수준이 높아졌다는 인식을 갖게 될 경우보다 높은 수준의 만족을 느끼게 될 것이고, 특히 자신들의 노력과 기대하던 성과 간에 밀접한 관련이 있다는 인식을 갖게 될 경우보다 높은 만족을 느끼게 될 것이다.

2) 대인관계변인

환경NGO 및 환경보전활동의 참여는 직업활동과는 달리 봉사와 스스로의 자발성을 중요하게 여기는 활동이기 때문에 지속성을 강제할 유인이 적다. 그러므로 선행연구결과들은 위에서 밝힌 업무 관련 변수 이외에 그 활동을 지속할 수 있게 해주는 친구나 가족의 지지가 중요한 역할을 하는 것으로 나타나고 있다. 이러한 대인 관련 변인은 조휘일(1990), 김상욱(1990), 이성록(1993), 홍승혜(1995), 권지성(1999), 이종혜(2001), Gidron(1977), Shindler-Rainmain & Lippitt(1984)의 연구에서 참여만족도에 영향을 미치는 요인이라 말하고 있다.

특히 김혜경(1998)과 김소영(2000)의 연구에서는 가족의 지지가 주부 자원봉사자의 참여만족도에 유의한 영향을 미치는 변수로 밝혀졌다. 이종혜(2001)의 연구에 따르면 가족의 지지와 친구의 지지 정도 및 관심에 따라 소비자단체활동 참여만족도에 영향을 미치는 변수로 나타났다. 권지성(1999)의 연구에서는 대인관계에 있어서 조직의 담당직원과 동료 참여자, 활동대상자와의 관계, 그리고 활동과 관련된 사회적 지지가 만족도에 영향을 줄 수 있다고 하였다. 또한 가족이나 동아리의 지지가 자원활동과정에서 지속적으로 자원봉사자의 만족도에 영향을 줄 것으로 보았다. 이에 반해 조휘일(1990)은 효도를 중심으로 하는 한국의 가족주의는 사회에서 봉사와 협동에 관한 학습과 훈련을 제약하거나 억압하는 작용을 할 수 있다고 하였다.

선행연구를 통해 참여형태에 따라 활동과 관련된 지지체계도 상이하며, 이러한 지지체계의 차이가 만족도에 영향을 줄 수 있음을 알 수 있었다. 결과적으로 조직활동 참여자들은 자신에게 배치된 활동만을 수행하고 마는 것이 아니라 활동에 있어서 자신의 사회적 지지체계와의 상호작용을 통해서 활동에 대한 인식도를 높일 수 있고 지지를 받을 수 있으며, 활동상에 어려움이나 문제가 발생했을 경우에는 가족과 친구/동료의 지지에 따라 극복해 나감으로써 활동의 참여에 따른 만족도를 높일 수 있다. 그래서 본 연구에서는 가족의 지지와 친구의 지지를 대인관계변인으로 포함시키고 만족도와의 관계를 분석하였다.

3) 참여행태변인

① 참여시간과 참여기간

이종혜(2001)는 소비자운동 참여실태를 소비자단체 참여 정도, 참여경로, 평가와 전망으로 나누어 설명하고 있다. 이종혜는 소비자단체 참여 정도를 파악하기 위해 소비자단체의 프로그램 참여여부와 활동횟수와 활동기간, 지속여부를 측정하였다. 활동횟수는 소비자단체에 참여하는 방식이 주단위인가, 월단위인가, 비정기적인가를 묻는 것이며, 활동기간은 현재 활동하고 있는 단체에서 활동한 연수를 말한다.

활동기간과 관련하여 엄미선(1985)은 조직활동에 참여하고 있는 사람들 중 단기활동 참여자들은 전반적으로 장기활동 참여자들보다 역할 갈등을 많이 느끼고 있으며, 장기활동 참여자들은 단기활동가보다 활동에 대해서 더 많은 만족을 하고 있다고 하였다.

따라서 본 연구에서는 환경NGO 활동 참여실태를 파악하기 위해 엄미선

(1985), 이혜연(2000), 이종혜(2001)에서 사용한 변인을 참고로 하여, ① 참여기간, ② 참여경로, ③ 참여시간을 변인으로 채택하였다. 환경NGO 활동 참여 정도를 파악하기 위해 환경NGO 활동 프로그램에 얼마 동안 지속적으로 참여하고 있는지의 참여기간과 참여경로는 환경NGO에 가입할 때 또는 활동할 때 어떤 경로를 통해서인지 첫째, TV, 라디오, 신문(지역 포함) 등 언론매체, 둘째, 전단, 포스터 등 단체 홍보물, 셋째, 단체의 프로그램을 통해, 넷째, 친구나 기존 회원의 권유, 다섯째, 종교나 사회단체의 권유, 여섯째, 단체장 및 단체직원의 권유, 마지막으로 기타로 구분을 두어 선택하게 하였고, 참여시간은 환경NGO 활동 프로그램에 평균적으로 월별 어느 정도 시간을 할애하고 있는지에 대해 파악하였다.

② 참여경로

참여형태에 따라 만족도에 차이가 있을 수 있다(권지성, 1999). 특히 대학생의 자원봉사활동의 참여형태는 참여경로와 관련이 있는데, 대학생들의 일반적인 참여경로는 동아리활동, 친구나 선배, 친선모임이나 종교단체, 행정기구 및 봉사단체, 방송매체의 순이었다(최일섭 외 2인, 1997). 일반인을 대상으로 한 연구에서도 참여경로는 동아리/단체활동의 일환, 친구나 친지 및 이웃의 권유, 스스로, 자원봉사단체의 홍보 순으로 빈도가 높았으며, 소속은 종교단체, 지역단체, 소그룹, 직장단체, 혼자의 순이었다(정무 제2장관실, 1993).

이혜연(2000)은 소비자운동의 활동전략을 직접적 활동과 간접적 활동으로 구분하고 전자에는 대면접촉 및 로비활동, 위원회 또는 공청회 참여, 입법안 작성 및 청원 등이 포함되며, 후자에는 소비자교육, 세미나 개체, 각종 토론회 참가, 성명활동, 언론활용 및 여론조성활동 등을 포함시켰다. 이종혜(2001)는 참여경로 변수를 소비자단체에 가입할 때 단체의 직원이나 관련자의 권유로 가입했는가 아니면 단체의 프로그램 참여나 홍보물 등을 통해 스스로 가입했는가를 자발적 가입과 비자발적 가입의 유형으로 측정하였다.

③ 참여동기변인

참여동기의 파악은 활동 구성원들이 어떠한 가치관을 갖고 있으며, 개인적으로 현재 추구하고 있는 가치는 무엇이고 조직에서 원하는 것은 어떤 것인가에 대한 이해를 가능하게 하고, 나아가서는 구성원의 조직활동을 보다 정확하게 이해하고 예측할 수 있게 한다(이근주, 2002). 또한 참여동기에 따라 참여활동가들이 수행해야 하는 다양한 활동을 부여하고, 이를 통해 동기부여가 재강화되어 높은 만족감을 느낄 수 있도록 한다. 이러한 동기에 따른 욕구가 충족된 활동가들은 오랜 기간 동안 조직활동에 몸담고 있으며 조직의 성과를 향상시킬 수 있는 가능성을 크게 갖고 있다(Mesch et al., 1998).

조직활동 참여자들의 참여동기는 참여 이전뿐만 아니라 참여 이후의 활동에 결정적인 영향을 미친다. 조직의 참여자는 자신이 조직활동을 통하여 원하는 목표를 달성하기 위하여 지속적으로 노력하기 때문이다(Tschirhart et al., 2001). 따라서 동기요인의 정확한 이해는 각 구성원에게 적절한 방법과 수준의 동기부여를 하는 데 중요한 요인으로 작용한다(이근주, 2002).

동기는 행동으로 이어지며 이는 달성되는 성과에 따른 만족수준에 영향을 미친다. 하지만 참여동기를 확인하는 것이 어렵고 조직활동에서의 행태를 예측하는 데 도움이 되지 않으며, 안정적이지 못하다면 참여동기와 참여 이후의 활동이나 성취간의 연관성을 찾는 것이 불가능할 것이다. 하지만 그러한 연관성을 발견하는 데 성공한 연구들이 있는데 Brown과 Zahrly(1989)의 연구에서 사람들은 다양한 유형의 보상을 추구하기 때문에 전략적인 인적 자원의 관리를 위해서는 참여자들의 동기요인을 파악할 필요가 있다고 지적하고 있다. 그들의 연구에 따르면 미래의 직업과 관련된 경험을 쌓기 위하여 참여한 사람들을 위해서는 미래의 직업선택에 도움을 줄 수 있는 경험과 기회를 제공해 주어야 한다는 것이다.

이렇게 참여동기에 관한 국내의 초기의 연구들은 자원봉사자의 참여동기에 많은 관심을 보이면서 자원봉사만족도와 참여동기와의 관계를 고찰하였다. 이성록(1993)은 동기변수들이 자원봉사활동을 시작할 때 자원봉사자의 의사결정에 강한 영향을 주지만 막상 활동을 시작한 후에는 다른 요인의 영향 즉 조직요인에 의해 영향을 받게 됨을 밝혔다. 권지성(1999)의 연구결과 대학생의 자원봉사 참여동기에 따라 참여만족도에 차이가 있는 것으로 밝혀졌다.

김소영(2000)의 연구에서도 자기개발동기, 자아실현동기, 이타적 동기가 강할수록 활동을 통해 얻는 만족도 역시 높아지는 결과를 보였다. 홍승혜(1995)는 참여동기를 자기성장의 욕구, 일의 경험, 자기존엄의 확립, 일의 즐거움, 타인들과의 관계, 가치 있는 목표에의 기여, 기관 또는 직원들과의 조화로 세분하고 이러한 참여동기가 자원봉사활동 만족 및 지속과 관계있음을 주장하였다. 최순옥(1999)의 연구에서는 자원봉사자의 봉사활동동기와 만족도 간에 유의한 차이를 보이지 못했다.

이외 참여동기와 만족도 간의 관계분석을 시도한 Black과 DiNitto(1994)는 이타주의적 동기나 정치적인 동기와 같은 친사회적 동기가 참여를 결정한다고 하였다. 이 연구에서는 타 구성원으로부터 구성원의 일부로 인정받는 정도가 활동의 만족도에 영향을 미친다는 점을 발견하였지만 앞에서 지적한 동기요인이 활동의 만족도와 어떠한 관련을 맺고 있는지를 밝히는 데는 실패하였다.

이외에도 조직활동 참여자들을 대상으로 그들이 참여활동 개시 후 첫 4주간 동안 참여동기가 충족되어졌다고 믿는 사람들의 경우 그렇지 않다고 믿는 사람들에 비하여 활동을 지속적으로 할 개연성이 높은 것을 보이고 있다(Clary et al., 1998). 또한 이 연구는 참여자가 중요시하는 참여동기가 충족된 경우에 그렇지 않은 경우보다 더 높은 만족을 나타내고 있음을 밝혀냈다. 이타주의적 동기요인을 갖고 참여한 경우와 자존의식(self-esteem) 혹은 인정감을 높이기 위하여 참여한 경우 특히 이러한 경향을 보이고 있는 것으로 나타났다.

이근주(2002)는 이기적 참여동기를 직업과 관련된 경험의 축적 혹은 장기적인 경력추구의 일환으로 활동에 참여하는 것으로 보고, 결과적으로 수행하는 업무나 활동에 대한 정확한 지식을 습득하고 숙련도를 높이는 것이 활동에 참여하는 주된 이유가 될 것으로 보았다. 참여자들은 주어진 업무의 사회적 의미나 가치보다는 업무의 성공적인 완수에 필요한 지식과 정보의 획득에 더 많은 관심을 갖고 있다는 것이다. 따라서 이들은 특정의 업무나 작업을 수행하는 것만으로는 만족을 얻을 수 없으며 주어진 활동을 완벽하게 수행하고 숙달을 통하여만 만족감을 느낄 수 있게 될 것이다.

이상의 선행연구들(이성록, 1993; 홍승혜, 1995; 권지성, 1999; 최순옥, 1999; 김소영, 2000; 이종혜, 2001; 이근주, 2002; Brown & Zahrly, 1989; Black & DiNitto, 1994; Clary et al., 1998; Mesch et al., 1998; Tschirhart et al., 2001)에 대한 검토결과 참여자의 동기는 참여만족도와 관련이 있는 것으로 나타났다. 특히 참여자가 중요시하는 참여동기가 충족된 경우에는 그렇지 않은 경우보다 더 높은 만족을 나타내고 있음을 알 수 있었다(Clary et al., 1998; 이근주, 2002).

4) 개인특성변인

선행연구를 통해 참여만족도와 관련된 개인특성변인을 추출한 결과 연령에 있어서 엄미선(1985), 장묘욱(1992), 이성록(1993), 홍승혜(1995), 임광명(2000), 이종혜(2001)의 연구에서는 연령에 따라 만족도에 차이가 있는 결과를 보였다. 그러나 일부 연구에서는 연령이 만족도 수준에 영향을 미치지 못하는 것으로 나타나서(김상욱, 1990; 박정희, 1994; 최순옥, 1999; 김소영, 2000; 이근주, 2002; Gidron, 1984) 일치된 결과를 제시하지 못하고 있다.

교육수준과 만족도와의 관계는 대부분의 선행연구에서 통계적으로 유의한 차이를 얻지 못하였다(장묘욱, 1992; 최순옥, 1999; 김소영, 2000; 이종혜, 2001; 이근주, 2002). 이성록(1993), 홍승혜(1995)의 연구에서는 종교가 있는 경우가 무교에 비해 만족도가 높은 결과가 나왔으나, 다른 연구에서는 종교가 참여만족도에 유의한 영향을 미치지 못하는 것으로 나타나(권지성, 1999; 최순옥, 1999; 김소영, 2000; 이종혜, 2001)의 연구와는 상반된 결과를 제시하고 있다. 그 외 성별(장묘욱, 1992; 홍승혜, 1995; 이성록, 1993; 권지성, 1999; 최순옥, 1999; 김소영, 2000; 이근주, 2002), 결혼유무(김상욱, 1990; 이종혜, 2001), 소득(김소영, 2000; 이종혜, 2001; 이근주, 2002)도 참여만족도에 영향을 미치는 요인으로 이용되고 있다. 결과적으로 본 연구에서 개인특성변인으로 성별, 연령, 학력, 소득, 직업, 종교, 결혼유무로 규명하고 환경NGO 활동 참여만족도와의 관계를 밝혔다.

위의 선행연구를 통해 선택된 변인들을 토대로 이 연구에서는 활동관계변인, 대인관계변인, 참여행태변인, 개인적 특성변인으로 구분하여 참여만족도와의 관계를 살펴보고자 한다. 이를 위한 연구의 방법은 다음 Ⅲ장에서 논의하고자 한다.

Ⅲ. 연구방법

1. 연구의 설계

이 연구는 관련 문헌과 선행연구의 검토를 통하여 환경NGO 활동 참여자들의 만족도와 관련 변인을 알아보았다. 종속변인인 참여만족도의 측정도구는 Moore(1985)의 도구를 중심으로 하여 Francise(1983)가 자원봉사자를 대상으로 만족도를 측정한 도구와, 이종혜(2001)가 소비자단체의 자원봉사자를 대상으로 만족도를 측정한 측정도구를 환경NGO 활동 참여자들에게 맞게 수정 및 보완하여 사용하였다.

이 연구에서의 독립변인은 ① 활동관계변인, ② 대인관계변인, ③ 참여행태변인, ④ 개인적 특성변인의 4개 범주로 구성하였다.

첫째, 활동관계변인은 활동내용인식과 활동영역으로(Gidron, 1977; 조휘일, 1990; 김상욱, 1990; 이성록, 1993; 모옥희, 1995; 홍승혜, 1995; 정병오, 1997; 권지성, 1999; 이종혜, 2001) 구성하였고,

둘째, 대인관계변인은 가족지지와 친구지지로(Gidron, 1977; 조휘일, 1990; 김상욱, 1990; 이성록, 1993; 홍승혜, 1995; 권지성, 1999; 김소영, 2000; 이종혜, 2001)구성하였으며,

셋째, 참여실태변인은 참여시간(김상욱, 1990; 김소영, 2000), 참여기간(김상욱, 1990; 김소영, 2000; 이종혜, 2001), 참여경로(김소영, 2000; 이종혜, 2001)와 참여동기(권지성, 1999; 김소영, 2000; 이종혜, 2001; 이근주, 2002)로 구분하였다. 참여동기는 Merriam과 Caffarella(1991)가 제시한 외부적 기대, 전문성 함양, 사회적 접촉, 사회적 자극, 지역사회봉사, 지적 흥

미로 유형화하였다.

넷째, 개인적 특성변인은 성별(권지성, 1999; 최순옥, 1999; 김소영, 2000; 이근주, 2002), 결혼유무(김상욱, 1990; 이종혜, 2001), 소득(김소영, 2000; 이종혜, 2001; 이근주, 2002), 연령(엄미선, 1985; 장묘욱, 1992; 이성록, 1993; 홍승혜, 1995; 임광명, 2000; 이종혜, 2001), 교육수준(장묘욱, 1992; 최순옥, 1999; 김소영, 2000; 이종혜, 2001; 이근주, 2002), 종교(권지성, 1999; 최순옥, 1999; 김소영, 2000; 이종혜, 2001), 직업(이종혜, 2001)으로 구성하였다.

이 연구의 모형을 그림으로 나타내면 다음 〈그림 7〉와 같다.

〈그림 7〉 연구의 모형

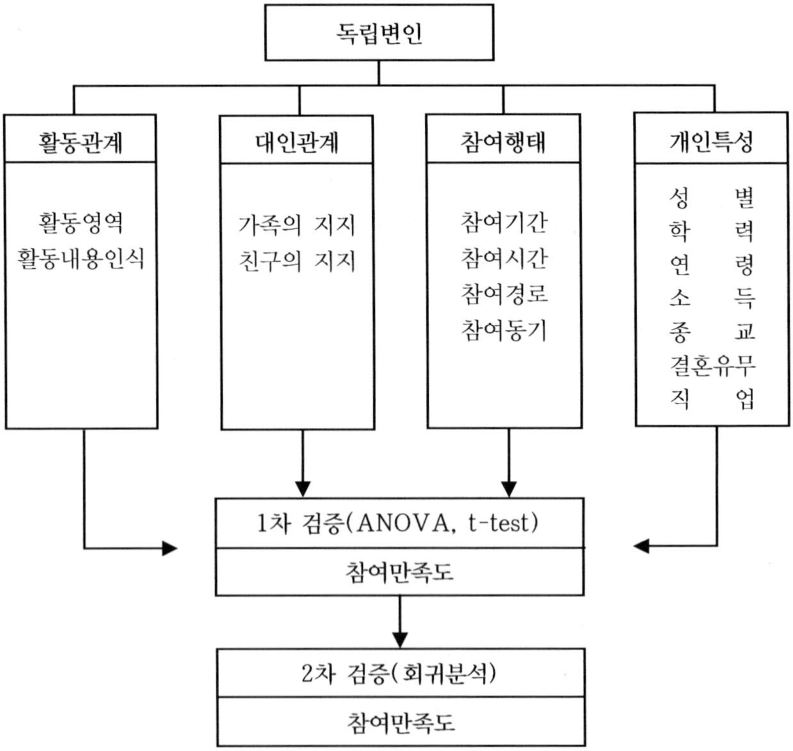

2. 연구의 대상과 표집

본 연구의 목적을 달성하기 위하여 환경NGO 중 환경운동연합의 회원들을 대상으로 하였다. 환경운동연합 회원들은 명목상의 회원부터, 회비만을 납부하는 회원, 회원은 아니지만 학점이나 자격증 취득을 위해 일시적으로 참여하는 학생 및 직장인, 자원봉사활동 등 참여의 정도가 다양하여, 회원의 수가 8만 5천여 명에 이른다(2002년 4월 현재). 하지만 본 연구에서는 연구의 목적에 맞게 환경운동연합의 회원들 중에 지속적이며 직접적인 활동에 참여하고 있는 회원만을 연구의 대상으로 선정하였다. 즉, 다수의 명목상의 회원보다는 적극적으로 참여하는 회원들이 환경NGO 활동 참여만족도 수준을 측정하는 데 있어 중요하다고 판단한 까닭이다.

위와 같은 이유로 전국의 환경운동연합 지부 50개(2002년 4월 현재)에 설문 협조여부를 문의하여, 각 도에 위치한 환경운동연합 지부 2개 이상과 제주도를 포함하여 44개 지부에 총 300부가 배부되었다. 질문지는 환경운동연합 지부에 종사하고 있는 직원이 회원에게 배부하고 개별면접조사를 병행함으로써 이루어졌다.

3. 조사도구

본 연구를 수행하기 위하여 각 변인들에 대한 조사도구의 제작은 선행연구 및 문헌연구를 통하여 변인들을 충분히 확보하였고, 각 변인을 측정하는 데 필요한 문항들을 충분히 확보한 후 설문을 구성하였다.

또한 전문가를 통해 안면타당도(face validity)를 검증받은 후, 환경NGO

활동을 하고 있는 안산 지역사회 주민 35명을 대상으로 예비조사(pilot test)를 실시하였다. 예비조사는 8월 한 달 동안 환경NGO 활동에 참여하고 있는 회원들을 대상으로 실시하였다. 예비조사를 통해 조사도구의 신뢰도 검증에서 Cronbach's alpha 값을 사용하였다. 본 연구에서 신뢰도를 검증한 결과 참여만족도는 $\alpha=0.88$, 활동내용인식은 $\alpha=0.63$, 대인관계는 $\alpha=0.82$로 나타났다. 이에 신뢰도가 낮은 문항을 질문내용에서 수정 및 보완하여 사용하였다.

가. 종속변인

1) 참여만족도

본 연구에서의 참여만족도는 환경NGO 활동 참여자들의 기대를 환경NGO가 얼마나 충족시켰는지의 정도를 측정한 개념으로 사용하고 있으며, 이에 따라 참여만족도를 측정하기 위한 문항은 Moore(1985)의 도구를 토대로 Francise(1983)가 자원봉사자를 대상으로 만족도를 측정한 도구와 이종혜(2001)가 소비자단체 자원봉사자들을 대상으로 하여 만족도를 측정한 도구를 환경NGO 활동 참여자들의 특성에 맞도록 수정하여 문항을 구성하였다.

참여만족도 수준의 측정내용은 참여를 통한 새로운 경험, 타인 및 지역사회에의 기여, 여가선용 및 개인성장, 소속감, 성취감, 잠재능력 확인, 삶에 대한 긍정적 효과와 환경NGO 실무자들과의 관계 등으로 구분하여 측정된 수준을 점수로 나타난 결과를 의미한다.

신뢰도 검증결과 Cronbach's alpha=0.92이었다. 측정방법은 Likert형 5점 척도로서, '매우 불만족'은 1점, '불만족'은 2점, '그저 그렇다'는 3점, '만족'은 4점, '매우 만족'은 5점으로 주어 측정된 점수를 합산하였다. 총 문항은 20문항으로 점수의 범위는 20~100점이고 점수가 높을수록 환경NGO 활동 참여만족도는 높은 것을 의미한다.

나. 독립변인

1) 대인관계변인

본 연구에서의 대인관계변인은 Gidron(1977), 조휘일(1990), 김상욱(1990), 이성록(1993), 홍승혜(1995), 권지성(1999), 이종혜(2001)에서 사용한 가족지지와 친구지지로 구분하여 사용하였다. 즉, 가족의 관심 및 지지, 친구·동료의 관심 및 지지로 각 4문항으로 총 8문항으로 측정하였다. 각 문항은 가족이 활동에 관심을 가지고 있는 정도, 활동에 대한 긍정적인 태도, 활동에 대한 조언, 동참의 의지로 구분할 수 있다.

문항에 대한 신뢰도 검증결과 Cronbach's alpha=0.88이었다. 측정방법은 Likert형 5점 척도로서, '전혀 그렇지 않다'는 1점, '그렇지 않다'는 2점, '그저 그렇다'는 3점, '그렇다'는 4점, '매우 그렇다'는 5점으로 주어 측정된 점수를 합산하였다. 결과적으로 가족지지의 총 점수의 범위는 4~20점이고, 친구지지의 총 점수의 범위도 4~20점이며, 대인관계변인의 총 점수의 범위는 8~40점이고 점수가 높을수록 환경NGO 활동지지 정도가 높은 것을 의미한다.

2) 활동관계변인

본 연구에서의 활동 관련 변인은 활동내용인식과 활동영역으로 구분하였다. 활동내용의 인식은 Gidron(1977), 김상욱(1990), 조휘일(1990), 이성록(1993), 모옥희(1995), 홍승혜(1995), 정병오(1997), 권지성(1999), 이종혜(2001) 등의 연구에서 자원봉사자들의 만족도에 영향을 미친 변인으로 사용한 것이며, 본 연구에서는 환경NGO 활동 참여자에게 맞게 수정 보완하여 다음과 같이 활동내용의 인식을 측정하기 위한 문항을 구성하였다. 활동내용인식과 관련된 문항은 활동참여시간의 적절성, 활동거리의 적절성, 활동수행 준비에 드는 시간의 타당성 및 활동내용과 자신의 적성의 부합성, 타인의 간섭, 활동결과확인, 활동내용이 환경복지에 미칠 영향 등에 관해 묻는 문항으로 구성되었고, 이들 문항에 응답한 점수를 합산한 것을 환경내용인식 수준으로 보았다.

문항에 대한 신뢰도 검증결과 Cronbach's alpha=0.65이었다. 측정방법은 Likert형 5점 척도로서, '전혀 그렇지 않다'는 1점, '그렇지 않다'는 2점, '그저 그렇다'는 3점, '그런 편이다'는 4점, '매우 그렇다'는 5점으로 주어 측정된 점수를 합산하였다. 총 문항은 15문항으로 점수의 범위는 15~75점이고 점수가 높을수록 환경NGO 활동내용인식의 정도가 높은 것을 의미한다.

또한 활동영역으로는 김성이(1988), 정무장관 제2실(1993), 권지성(1999) 등에서 사용한 것을 환경NGO에서 행하고 있는 활동영역으로 수정 보완하여 정기총회 및 대위원회참여, 대외적인 토론회(공청회, 강연회, 세미나 등), 단체의 대외적 홍보활동, 항의집회 및 시위, 성명서 발표 및 서명운동, 환경교육프로그램 참여, 각종 환경조사 참여, 기타 등을 포함하여 총 8영역으로 구분하였고, 이에 따른 만족도 수준을 살펴보았다.

3) 참여행태변인

본 연구에서는 환경NGO 활동 참여실태를 파악하기 위해 ① 참여기간 (김상욱, 1990; 김소영, 2000; 이종혜, 2001), ② 참여경로(김소영, 2000; 이종혜, 2001), ③ 참여시간(김상욱, 1990; 김소영, 2000; 이혜연, 2000; 이 종혜, 2001)과 ④ 참여동기(권지성, 1999; 김소영, 2000; 이종혜, 2001; 이 근주, 2002)를 변인으로 채택하였다.

참여기간은 환경NGO 활동에 얼마 동안 지속적으로 참여하고 있는지를 1개월 단위로 기입하게 하였으며, 참여시간은 환경NGO 활동에 월별 기준 으로 평균적으로 어느 정도 시간을 할애하고 있는지에 대한 문항으로 측정 되었다.

참여경로는 첫째, TV, 라디오, 신문(지역 포함) 등 언론매체, 둘째, 전 단, 포스터 등 단체 홍보물, 셋째, 단체의 프로그램을 통해, 넷째, 친구나 기존 회원의 권유, 다섯째, 종교나 사회단체의 권유, 여섯째, 단체장 및 단 체직원의 권유, 마지막으로 기타로 구분을 두어 선택하게 하였고,

참여동기로는 Merriam과 Caffarella(1991)가 제시한 참여동기를 6개 항 목으로 구분한 것 즉, 외부적 기대, 전문성 함양, 사회적 접촉, 사회적 자 극, 지역사회봉사, 지적 흥미로 설정하였다. 각 참여동기별 4개의 세부사항 으로 이루어져 참여자들로 하여금 자신이 참여하게 된 동기를 선택할 수 있도록 하였다. 본 연구의 참여동기 유형과 세부사항은 〈표 Ⅲ-1〉와 같다.

<표 Ⅲ-1> 참여동기 유형과 세부사항

참여동기	세부 사항
외부적 기대	친구 및 동료(이웃)의 기대사항에 부응하기 위해
	다른 사람의 지시에 따르기 위해
	다른 권위자가 추천하는 것을 수행하기 위해
	가족, 학교, 회사 등의 기대에 부응하기 위해
전문성 함양	경쟁에서 뒤떨어지지 않을 기회이기 때문에
	나의 전문성을 향상시킬 수 있기 때문에
	나의 지식 및 기술을 활용하는 데 도움이 되기에
	직업에서 더 높은 지위를 차지하기 위해
사회적 접촉	개인적 교제와 우정에 관한 요구를 충족시키기 위해
	대인관계를 넓히기 위한 기회가 되기 때문에
	집단활동이나 기호가 맞는 사람들과 어울리고자
	새로운 사람들을 만나기 위해
사회적 자극	일상생활에서부터의 탈피 및 지루함으로부터의 전환
	가정이나 일로부터 휴식을 취하기 위해
	남은 생애를 보람 있게 보내기 위해
	여가를 활용/즐기기 위해
지역사회봉사	지역사회에 봉사할 수 있는 능력을 향상시키기 위해
	공동체에 대한 봉사를 준비하기 위해
	환경보전, 환경예방에 도움이 되기 때문에
	친환경적 지역사회발전에 도움이 되기 때문에
지적 흥미	환경정보나 환경교육을 받을 수 있는 좋은 기회가 되기 때문에
	새로운 환경에 대한 지식을 위한 기회가 되기 때문에
	알고 싶어하는 마음을 충족시키기 위해서
	학습 그 자체를 즐기기 위해

4) 개인적 특성변인

본 연구에서의 개인적 특성변인은 성별(김상욱, 1990; 장묘욱, 1992; 홍승혜, 1995; 이성록, 1993; 권지성, 1999; 최순옥, 1999; 이근주, 2002), 결혼유무(김상욱, 1990; 이종혜, 2001), 연령(김상욱, 1990; 김소영, 2000; 임광명, 2000; 이종혜, 2001; 이근주, 2002), 교육수준(장묘욱, 1992; 최순옥,

1999; 김소영, 2000; 임광명, 2000; 이종혜, 2001; 이근주, 2002), 종교(이성록, 1993; 권지성, 1999; 최순옥, 1999; 김소영, 2000; 이종혜, 2001), 소득(김소영, 2000; 이종혜, 2001; 이근주, 2002), 직업(이종혜, 2001)으로 구성하였다.

위에서 살펴본 것과 같이 본 연구에서 사용된 변인들의 신뢰도(reliability) 검증에 Cronbach's α 계수를 사용하였고, 위와 같은 변인을 토대로 본 연구의 측정도구와 내용 및 변인별 신뢰도를 나타내면 〈표 Ⅲ-2〉와 같다.

〈표 Ⅲ-2〉 측정도구 및 내용, 변인별 신뢰도

변 수		척 도	척도내용	문항수	Cronbach's α
대인 관계	가족지지	이종혜(2001), 김소영(2000), 김혜경(1998)의 척도 수정 후 사용	활동에 대한 관심 활동에 긍정적	4	0.88
	친구지지		조언이나 도움 동참의지	4	
활동 인식	활동내용인식	이종혜(2001), 권지성(1999)의 척도 수정 후 사용	활동내용과 자신의 적성 부합성 타인의 간섭, 활동결과확인, 활동거리/시간의 적절성 업무수행 준비시간의 타당성 활동내용이 미칠 영향 등	15	0.65
	활동영역		1정기총회 등, 2대외적 토론회, 3홍보활 동, 4항의집회 등, 5성명서/서명 6환경교육 참여, 7환경조사 8기타(연구 등)	1	
참여 행태	참여기간	등간척도	개월	1	
	참여시간	등간척도	주당 시간	1	
	참여경로	명목척도	1. TV 등, 2. 포스터 등, 3. 프로그램 참 여, 4. 친구 등 권유, 5. 종교/사회단체, 6. 단체장/직원권유, 7. 기타	1	
	참여동기	Merriam과 Caffarella(1991)의 도구 사용 명목척도	외부적 기대 전문성함양 사회적 접촉 사회적 자극 지역사회봉사 지적 흥미	1	
개인 특성	성 별	명목척도	남-1, 여-2	1	
	결혼유무	명목척도	기혼1, 미혼2	1	
	연 령	서열척도		1	
	교 육	서열척도	1. 중졸, 2. 고졸, 3. 대졸, 4. 대졸 이상	1	
	소 득	서열척도	1. 100만 원 미만 2. 100-150 미만 3. 150-200 미만 4. 200-250 미만 5. 250-300 미만 6. 300-400 미만 7. 400-500 미만 8. 500 이상	1	
	종 교	명목척도	1. 기독교, 2. 불교, 3. 천주교, 4. 무교, 5. 기타	1	
	직 업	명목척도	1. 학생, 2. 전문직, 3. 관리직, 4. 주부, 5. 생산직, 6. 서비스직, 7. 무직, 8. 기타	1	
종 속 변 인	참 여 만족도	Moore(1985) Francise(1983) 이종혜(2001)의 척도 수정 후 활용	새로운 경험 타인/지역사회에 기여 여가선용 및 개인성장 소속감, 성취감 잠재능력 확인 등	20	0.92

(참고: 변수 열 왼쪽에 독립변인 묶음 — 대인관계, 활동인식, 참여행태, 개인특성)

4. 자료의 수집

 본 연구는 환경NGO에 직접적으로 활동에 참여하는 지역사회 주민들을 대상으로 하였다. 본 조사에 앞서 예비조사(pilot test)를 2002년 8월에 안산지역 환경NGO 회원 35명을 대상으로 시행하였고, 본 조사를 위해 전국의 환경운동연합 지부 50개(2002년 4월 현재)에 설문 협조여부를 문의하여, 각 도에 위치한 환경운동연합 지부 2개 이상과 제주도를 포함하여 44개 지부에서 협조의사를 받았다.

 본 조사는 11월 15일부터 12월 14일까지 연구자 및 환경운동연합 실무자가 질문지를 배포하고 개별면접(interview)조사를 병행하는 방식으로 하였다. 각 환경운동연합의 실정에 맞게 질문지는 5부에서 40부까지 배부되었고 총 배부된 질문지는 300부였다. 각 환경운동연합에서 회수된 질문지는 230부이었으며, 자료선별(data cleaning)과정에서 응답자의 실수, 응답자의 무성의한 답변, 기재 누락 등으로 인하여 적합하지 않다고 판단된 질문지를 제외하고 본 연구에 사용된 질문지는 총 211부이었다. 본 연구에서 이용된 질문지의 배포 및 회수현황은 〈표 Ⅲ-3〉와 같다.

<표 Ⅲ-3> 질문지 배포 및 분석률

지 역	배포 및 회수현황			지 역	배포 및 회수현황		
	배 포	분 석	분 석 률		배 포	분 석	분 석 률
거 제	5	5	100	안 산	40	39	97.5
경기북부	5	5	100	안 양	5	-	0
경 주	5	4	80	여 수	5	-	0
과 천	5	4	80	전 북	5	4	80
광 양	5	5	100	제 주	5	5	100
광 주	5	5	100	진 주	5	5	100
남 해	5	5	100	청 주	5	5	100
당 진	5	5	100	춘 천	5	5	100
대 구	5	3	60	충 주	5	5	100
대 전	5	5	100	포 항	5	4	80
마 창	5	5	100	횡 성	5	5	100
목 포	5	5	100	남 원	5	5	100
부 산	5	5	100	평 택	5	3	60
서산태안	5	5	100	통 영	5	4	80
서 울	35	18	51.42	수 원	5	5	100
강남서초	5	5	100	성 남	5	4	80
강동송파	5	5	100	파 주	5	5	100
강서양천	5	5	100	오산화성	5	5	100
사 천	5	5	100	울 산	5	-	0
서 천	5	5	100	원 주	5	-	0
속초·고성·양양	20	8	40	인 천	5	-	0
순 천	5	5	100	장 흥	5	-	0

5. 자료의 분석

본 연구의 목적을 달성하기 위하여 본 연구에서는 수집된 자료를 SPSSWIN 11.01 프로그램을 사용하여 다음과 같은 분석방법을 사용하였다. 먼저 조사대상자의 일반적인 특성과 참여만족도 수준을 관계 파악하기 위하여 빈도, 백분율, 평균과 표준편차를 구하였다. 그리고 참여만족도와 주요 독립변인들 간의 관계를 알아보기 위하여 상관관계분석을 실시하였고, 각 독립변인들 간의 참여만족도 수준을 검증하기 위해서 t-test, ANOVA를 실시하였다. 또한 각 변인들이 참여만족도를 어느 정도 설명하고 예측하는지를 알아보기 위해 다중회귀분석을 실시하였고, 통계분석의 유의수준은 5%로 하였다.

이 연구의 가설에 따른 분석방법은 〈표 Ⅲ-4〉와 같다.

〈표 Ⅲ-4〉 연구가설에 따른 분석방법

가 설	변 인		분석방법
	독립변인	종속변인	
1. 환경NGO 활동에 참여하고 있는 지역사회 주민의 참여 만족도는 활동영역에 따라 차이가 없을 것이다.	활동관계변인		ANOVA
2. 환경NGO 활동에 참여하고 있는 지역사회 주민의 참여 만족도는 활동인식에 따라 차이가 없을 것이다.	(활동내용인식) (활동영역)		ANOVA
3. 환경NGO 활동에 참여하고 있는 지역사회 주민의 참여 만족도는 가족지지에 따라 차이가 없을 것이다.	대인관계변인		ANOVA
4. 환경NGO 활동에 참여하고 있는 지역사회 주민의 참여 만족도는 친구지지에 따라 차이가 없을 것이다.	(가족지기) (친구지지)		ANOVA
5. 환경NGO 활동에 참여하고 있는 지역사회 주민의 참여 만족도는 참여기간에 따라 차이가 없을 것이다.			ANOVA
6. 환경NGO 활동에 참여하고 있는 지역사회 주민의 참여 만족도는 참여시간에 따라 차이가 없을 것이다.	참여행태변인		ANOVA
7. 환경NGO 활동에 참여하고 있는 지역사회 주민의 참여 만족도는 참여경로에 따라 차이가 없을 것이다.	(참여기간) (참여시간) (참여경로) (참여동기)		ANOVA
8. 환경NGO 활동에 참여하고 있는 지역사회 주민의 참여만 족도는 참여동기 유형에 따라 차이가 없을 것이다.		참여 만족도	ANOVA
9. 환경NGO 활동에 참여하고 있는 지역사회 주민의 참 여만족도는 개인적 특성에 따라 차이가 없을 것이다	개인적 특성 성 별 결혼유무 연 령 교 육 종 교 소 득 직 업		t-test, ANOVA
10. 환경NGO 활동에 참여하고 있는 지역사회 주민의 참여만족도는 대인관계, 활동관계 참여행태, 개인적 특성에 따라 차이가 없을 것이다.	가족지지 친구지지 활동인식 참여기간 참여시간 참여동기 성 별 결 혼 연 령 소 득		회귀분석

Ⅳ. 연구결과 및 해석

1. 조사대상자의 일반적 특성

가. 인구통계학적 특성

질문지에 응답한 연구 조사대상자의 일반적 특성은 다음 〈표 Ⅳ-1〉와 같다. 〈표 Ⅳ-1〉에서 보는 바와 같이 응답자의 성별 분포는 남성이 112(53.1%) 명, 여성이 99(46.9%)명으로 남성 응답자가 좀 더 많았으며, 결혼유무는 기혼자가 145(68.7%)명, 미혼이 66(31.3%)명으로 기혼자가 더 많은 것으로 나타났다. 연령은 25세 이하 집단이 28(13.3%)명, 26-35세가 65(30.8%)명, 36-45세가 93(44.1%)명, 45세 이상이 25(11.8%)명을 차지하였다. 교육수준은 중졸 이하는 응답자 중 0명(0%)명, 고졸이 46(21.8%)명, 전문대졸이 29(13.7%)명, 대졸 이상은 136(64.5%)명으로 나타났다.

조사대상자들의 종교는 기독교가 73(34.6%)명으로 가장 많이 차지하고 있으며, 불교는 46(21.8%)명, 천주교는 23(10.9%)명, 무교는 69(32.7%)명을 차지하고 있다. 조사대상자들의 월평균 가계소득 분포는 150만 원 미만이 35(16.6%)명, 150만 원 이상에서 250만 원 미만이 46(21.8%)명, 250만 원 이상에서 300만 원 미만이 43(20.4%)명, 300만 원 이상에서 400만 원 미만이 50(23.7%)명, 400만 원 이상이 37(17.5%)명을 차지하였다.

조사대상자들의 직업을 조사한 결과 학생이 27(12.8%)명, 전문직이 46(21.8%)명, 사무/관리직이 30(14.2%)명, 주부가 44(20.9%)명, 기타가 64(30.3%)명을 차지하였다.

<표 Ⅳ-1> 조사대상자의 일반적 특성

특성변수 \ 구 분		빈 도(N)	백분율(%)
성 별	남	112	53.1
	여	99	46.9
결혼유무	기 혼	145	68.7
	미 혼	66	31.3
연 령	25세 이하	28	13.3
	26세 이상-35세 이하	65	30.8
	36세 이상-45세 이하	93	44.1
	46세 이상	25	11.8
학 력	고 졸	46	21.8
	전 문 대 졸	29	13.7
	대 졸 이 상	136	64.5
종 교	기 독 교	73	34.6
	불 교	46	21.8
	천 주 교	23	10.9
	기 타	69	32.7
소 득	150만 원 미만	35	16.6
	150만 원 이상-250만 원 미만	46	21.8
	250만 원 이상-300만 원 미만	43	20.4
	300만 원 이상-400만 원 미만	50	23.7
	400만 이상	37	17.5
직 업	학 생	27	12.8
	전 문 직	46	21.8
	사 무 / 관 리 직	30	14.2
	주 부	44	20.9
	기 타	64	30.3

나. 조사대상자들의 환경NGO 활동 참여만족도

환경NGO 활동에 참여하고 있는 지역사회 주민들의 참여만족도 수준을
측정한 결과 그 점수 분포는 〈표 Ⅳ-2〉와 같다.

〈표 Ⅳ-2〉 환경NGO 참여만족도 수준의 점수 분포

환경NGO 참여만족도	빈　도(N)	백분율(%)
70점 이하	34	16.1
71-75	33	15.6
76-80	59	28.0
81-85	43	20.4
85점 이상	42	19.9
계	211	100.0

평　균: 78.61	표준편차: 9.27	표준오차: 0.64
분　산: 85.90	왜　　도: -0.387	첨　　도: 0.33
최고치: 100	최 저 치: 35	범　　위: 65

〈표 Ⅳ-2〉에서 나타난 바와 같이 환경NGO 활동 참여자들의 참여만족도
수준의 점수분포는 최저치 35점에서부터 최고치 100점까지 나타났고 범위는
65이었다. 그리고 분포곡선은 왜도가 -0.387로 분포의 꼬리부분이 평균 점수
보다 낮은 쪽으로 기울어져 있는 부적 편포(negative skewness)를 나타내었
는데 이것은 조사결과 환경NGO 활동 참여자들의 참여만족도 수준이 전체
의 평균보다 높은 사람이 많음을 의미한다. 그리고 또한 분포곡선의 모양을
나타내는 첨도(Kurtosis)는 0.33을 나타내어 분포곡선의 모양이 정상분포보
다 낮게 나타났다. 한편 지역사회 주민들의 환경NGO 활동 참여만족도 수준
의 평균 점수는 78.61점이었으며 표준편차는 9.27, 표준오차는 0.64이었다.

다. 조사대상자들의 환경NGO 활동관계

1) 조사대상자들의 환경NGO 활동영역

조사대상자들의 환경NGO 활동영역을 분석한 결과 〈표 Ⅳ-3〉와 같다. 조사대상자들이 가장 많이 참여하고 있는 활동영역은 정기총회, 대위원회, 소모임 정책토론 등이 54(25.6%)명으로 가장 많았고, 재정적 기여 및 연구가 37(17.5%)명, 환경NGO 시행 환경교육 프로그램 참여가 32(15.2%)명, 각종 환경조사 참여(수질오염, 대기오염 등)가 30(14.2%)명, 단체의 대외적 홍보활동이 21(10.0%)명, 성명서 발표 및 서명운동이 16(7.6%)명, 대외적인 토론회(공청회, 강연회, 세미나 등)가 13(6.2%)명, 항의집회 및 시위가 8(3.8%)명 순으로 나타났다.

〈표 Ⅳ-3〉 환경NGO 활동영역

활 동 영 역	빈 도(%)
① 정기총회, 대위원회, 소모임 정책토론 등	54(25.6)
② 대외적인 토론회(공청회, 강연회, 세미나 등)	13(6.2)
③ 단체의 대외적 홍보활동	21(10.0)
④ 항의집회 및 시위	8(3.8)
⑤ 성명서 발표 및 서명운동	16(7.6)
⑥ 환경NGO 시행 환경교육 프로그램 참여	32(15.2)
⑦ 각종 환경조사 참여(수질오염, 대기오염 등)	30(14.2)
⑧ 기타(재정적 기여, 연구 등)	37(17.5)
계	211(100.0)

2) 조사대상자들의 환경NGO 활동내용인식

지역사회 주민들의 환경NGO 활동내용인식 수준의 점수는 〈표 Ⅳ-4〉와 같다. 총 점수의 범위는 최하 15점에서 최고 75점까지 나타난다. 이 연구에서는 활동내용인식 수준의 점수가 51-55점 이하가 78(37.0%)명으로 가장 많았고, 50점 이하와 56-60점 이하가 각각 60(28.4%), 60점 이상이 13(6.2%)명 순으로 나타났다.

〈표 Ⅳ-4〉 환경NGO 활동내용인식 수준

구 분	빈 도	백분율(%)	표준편차
50 이하	60	28.4	8.96
51-55점 이하	78	37.0	6.50
56-60점 이하	60	28.4	5.77
60 이상	13	6.2	9.48
계	211	100.0	9.27

라. 조사대상자들의 환경NGO 활동 지지 분포

환경NGO 활동을 하는 데 있어서 지역사회 주민들을 지지하는 가족지지, 친구지지 분포는 〈표 Ⅳ-5〉와 같다. 우선 가족지지 점수 분포를 보면, 11-13점 이하와 16-17점 이하가 각각 63(29.9%)명으로 나타났고, 14-15점 이하가 50(23.7%)명, 18점 이상이 20(9.5%)명, 10점 이하 15(7.1%)명 순으로 나타났다.

친구지지를 보면 11-13점 이하가 69(32.7%)명으로 가장 많았으며, 16-17점 이하는 66(31.3%)명, 14-15(48%)명, 10점 이하가 18(8.5%)명, 18점 이

104

상이 10(4.7%)명으로 나타났다. 환경활동지지를 보면 26-30점 이하가 77(36.5%)명으로 가장 많았으며, 31-35점 이하가 69(32.7%)명으로, 11-25 점 이하가 57(27%)명, 36-40점 이하가 8(3.8%)명으로 나타났다.

<표 Ⅳ-5> 환경NGO 활동 지지 분포

구 분	점 수	빈 도(%)	표준편차
가 족 지 지	10점 이하	15(7.1)	12.66
	11-13	63(29.9)	9.55
	14-15	50(23.7)	8.37
	16-17	63(29.9)	6.58
	18점 이상	20(9.5)	9.40
친 구 지 지	10점 이하	18(8.5)	13.46
	11-13	69(32.7)	9.91
	14-15	48(22.7)	7.57
	16-17	66(31.3)	7.34
	18점 이상	10(4.7)	10.25
환경활동지지	11-25	57(27)	12.08
	26-30	77(36.5)	7.17
	31-35	69(32.7)	7.69
	36-40	8(3.8)	10.07
계		211(100.0)	9.26

마. 조사대상자들의 환경NGO 참여행태

1) 환경NGO 활동 참여기간

조사대상자들의 환경NGO 활동 참여기간을 분석한 결과 <표 Ⅳ-6>와 같다. 환경NGO 활동에 참여한 지 12개월 이하가 60(28.4%)명으로 가장 많

앞으며, 49개월 이상이 46(21.8%)명, 13-24개월이 43(20.4%)명, 25-36개월이 39(18.5%), 37-48개월이 23(10.9%)명 순으로 나타났다.

<표 Ⅳ-6> 환경NGO 활동 참여기간

구 분		빈 도	백분율(%)	표준편차
기 간	12개월 이하	60	28.4	7.65
	13-24	43	20.4	7.74
	25-36	39	18.5	9.14
	37-48	23	10.9	7.12
	49개월 이상	46	21.8	12.12
계		211	100.0	9.27

2) 환경NGO 활동 참여시간

환경NGO 활동에 참여하고 지역사회 주민들이 월별로 활동에 할애하는 시간을 알아본 결과 <표 Ⅳ-7>와 같다. 참여자들이 월별 환경NGO 활동에 참여하는 시간이 5시간 이하가 68(32.2%)명으로 가장 많았고, 6-15시간 이하 58(27.5%)명, 31시간 이상 46(21.8%)명, 16-30시간 이하 39(18.5%)명 순으로 나타났다.

<표 Ⅳ-7> 환경NGO 활동 참여시간

구 분		빈 도	백분율(%)	표준편차
시 간	5시간 이하	68	32.2	9.98
	6-15	58	27.5	7.97
	16-30	39	18.5	10.73
	31시간 이상	46	21.8	7.58
계		211	100.0	9.27

3) 환경NGO 활동 참여 가입경로

조사대상자들이 환경NGO 활동에 어떠한 경로로 참여하게 되었는지 파악한 결과 <표 Ⅳ-8>와 같다. 친구나 기존 회원의 권유가 51(24.2%)명, 재정적 기여/연구 및 리서치가 50(23.7%), 단체의 프로그램 참가를 통해 28(13.3%)명, 전단, 포스터 등 단체 홍보물을 통해 24(11.4%)명, TV(케이블), 라디오, 신문 등 언론매체를 통해서와 단체장 및 단체직원의 권유가 각각 23(10.9%)명, 종교나 사회단체의 권유가 12(5.7%)명 순으로 나타났다.

<표 Ⅳ-8> 환경NGO 활동 참여경로

가입경로	빈 도(%)
① TV(케이블), 라디오, 신문(지역신문 포함) 등 언론매체	23(10.9)
② 전단, 포스터 등 단체 홍보물	24(11.4)
③ 단체의 프로그램 참가를 통해	28(13.3)
④ 친구나 기존 회원의 권유	51(24.2)
⑤ 종교나 사회단체의 권유	12(5.7)
⑥ 소속단체장 및 단체직원의 권유	23(10.9)
⑦ 재정적 기여, 연구 및 리서치	50(23.7)
계	211(100.0)

4) 조사대상자들의 환경NGO 활동 참여동기 유형

지역사회 주민들이 환경NGO 활동에 어떠한 동기를 가지고 참여하게 되었는지 알아본 결과 〈표 Ⅳ-9〉와 같다. 조사대상자 중 지역사회봉사를 위한 봉사로 참여하는 사람은 98(46.4%)명으로 가장 많았으며, 지적 흥미 35(16.6%)명, 사회적 접촉이 34(16.1%)명, 외부적 기대는 23(10.9%)명, 사회적 자극 11(5.2%)명, 전문성 함양 10(4.7%)명으로 나타났다. 결과적으로 이를 통해 알 수 있는 것은 환경NGO 활동 참여자들은 지역사회봉사차원에서 환경NGO에 참여하는 것임을 알 수 있다.

〈표 Ⅳ-9〉 환경NGO 활동 참여동기 유형

동 기	빈 도	백분율(%)	표준편차
외부적 기대	23	10.9	7.86
전문성 함양	10	4.7	10.70
사회적 접촉	34	16.1	13.50
사회적 자극	11	5.2	6.79
지역사회봉사	98	46.4	8.43
지적 흥미	35	16.6	7.52
계	211	100.0	9.27

바. 환경NGO 활동 참여만족도와 영향요인 간의 상관관계

환경NGO 활동에 참여하는 지역사회 주민의 참여만족도 수준과 제 변인 간의 관계를 알아보기 위하여 상관관계를 구한 결과는 〈표 Ⅳ-10〉와 같다. 투입된 변인은 활동내용인식, 활동영역, 가족지지, 친구지지, 참여기간, 참여시간, 참여경로, 참여동기, 성별, 결혼유무, 연령, 소득, 직업, 종교의 14개 변인으로 구성되어 있다.

〈표 Ⅳ-10〉에 제시된 것과 같이 14개의 변인들 중 환경NGO 활동에 참여하는 지역사회 주민의 참여만족도 수준에 참여시간, 성별은 통계적으로 5% 수준에서 유의한 상관관계를 나타냈고, 활동내용인식, 활동영역, 가족지지, 친구지지, 참여경로, 소득, 직업은 통계적으로 1% 수준에서 유의한 상관관계를 나타냈다.

이를 통해 환경NGO 활동에 참여하는 지역사회 주민의 만족도와 관련된 변인에 있어서 참여자들이 활동내용을 어떻게 인식하고 있는가의 정도, 어느 활동영역에서 활동을 하는지, 가족지지 및 친구의 지지 정도, 어떠한 참여경로를 통해 환경NGO에 참여하게 되었는지, 소득과 직업이 만족도에 영향을 미치는 것을 알 수 있다.

<표 Ⅳ-10> 환경NGO 활동 참여만족도와 영향요인 간의 상관관계

변 인	1	2	3	4	5	6	7	8	9	10	11	12	13	14	15
1. 만 족 도	1														
2. 동 기	-.058	1													
3. 가족지지	.331**	.215**	1												
4. 친구지지	.233**	.133	.547**	1											
5. 활동인식	.641**	-.075	.308**	.248**	1										
6. 활동영역	.200**	-.175	-.142*	-.147*	.097	1									
7. 참여기간	.097	.156*	.189**	.084	.036	-.068	1								
8. 참여시간	-.148*	.010	-.023	-.014	-.087	-.064	.055	1							
9. 참여경로	-.285**	.105	.006	.038	-.192**	.094	-.010	.067	1						
10. 성 별	.176*	-.166*	.004	-.110	.138*	.049	-.061	.131	-.157*	1					
11. 결 혼	.081	-.145*	-.333**	-.098	.003	.267**	-.222**	.083	-.019	.185**	1				
12. 연 령	-.015	.054	.286**	.156*	-.064	-.218**	.215**	-.201**	-.060	-.274**	-.672**	1			
13. 소 득	.362**	-.216**	.014	.060	.307**	-.092	-.127	-.161*	-.252**	.234**	-.057	.080	1		
14. 직 업	-.191**	.164*	.103	.104	-.065	-.155*	.062	.017	.056	-.201**	-.301**	.357**	-.148*	1	
15. 종 교	-.091	.042	.041	-.038	.036	-.039	-.074	.039	.100	-.153*	-.126	.104	-.182**	.132	1

N=211, *p<.05 **p<.01

2. 활동관계변인과 환경NGO 활동 참여만족도

가. 활동영역에 따른 환경NGO 참여만족도

환경NGO 활동에 참여하고 있는 조사대상자들의 참여내용에 따른 환경 NGO 참여만족도 수준을 분석한 결과 〈표 Ⅳ-11〉와 같다. 참여내용은 정기 총회 등 54(25.6%)명, 재정 및 연구 37(17.5%)명, 환경교육 32(15.2%)명, 환경오염조사 30(14.2%)명, 대외적 홍보 21(10%)명, 서명운동 16(7.6%) 명, 각종 토론회 13(6.2%)명, 항의 집회 8(3.8%)명으로 나타났다.

〈표 Ⅳ-11〉 활동영역에 따른 환경NGO 참여만족도

활동영역	빈 도	%	평 균	표준편차	F	LSD (1)(2)(3)(4)(5)(6)(7)(8)
(1) 정기총회 등	54	25.6	75.06	8.74		(1)
(2) 각종 토론회	13	6.2	78.08	8.42		(2)
(3) 대외적 홍보	21	10.0	81.19	6.69		(3) ☆
(4) 항의집회	8	3.8	73.25	4.20	2.75**	(4)　　　　☆
(5) 서명운동	16	7.6	80.75	6.57		(5) ☆
(6) 환경교육	32	15.2	81.06	10.89		(6) ☆　　　☆
(7) 환경오염조사	30	14.2	78.00	10.22		(7)
(8) 재정, 연구	37	17.5	81.11	9.43		(8) ☆　　　☆
계	211	100.0	78.61	9.27		

**p<.01 ☆ LSD 검증결과 5% 수준에서 유의차 있음

또한 대외적 홍보 집단과 항의 집회 및 시위 집단 간에, 항의 집회 및 시위 집단과 환경교육 집단, 재정 및 연구 집단 간에 1% 수준에서 통계적 으로 유의차가 있었다.

참여내용에 따른 만족도 수준은 대외적 홍보 집단이 81.19점으로 가장 높았고, 재정 및 연구 집단이 81.11점, 환경교육 집단이 81.06점, 서명운동 집단이 80.75점, 각종 토론회 집단이 78.08점, 환경오염조사 집단이 78.00점, 정기총회 및 대위원회 등 집단이 75.06점, 항의 집회 및 시위 집단이 73.25점 순으로 나타났다. 참여내용에 따른 환경NGO 활동 참여만족도 수준이 차이가 나는지 사후검증을 실시한 결과 정기총회 및 대위원회 등 집단과 대외적 홍보 집단, 서명운동 집단, 환경교육 집단, 재정 및 연구 집단 간에 1% 수준에서 통계적으로 유의차가 있었다.

위와 같은 결과는 활동영역에 따라 만족도의 차이를 보인 홍승혜(1995), 권지성(1999), 김소영(2000)의 결과와 같았다. 이를 통해 환경NGO에서는 각 분야에서 활동하고 있는 참여자들이 자신들의 관심과 능력에 맞는 활동을 하고 있는지, 참여 당시 의도했던 영역에 활동하고 있는지, 또는 활동하고 싶은 영역이 따로 있는지 등 참여자의 요구를 수시로 파악하여, 그들에게 맞는 활동영역을 제공해 주어야 할 것이다.

나. 활동내용인식에 따른 환경NGO 참여만족도

〈표 Ⅳ-12〉는 지역사회 주민들이 참여하고 있는 환경NGO 활동내용을 어떻게 인식하는가에 따른 참여만족도 수준을 분석한 결과이다.

<표 Ⅳ-12> 활동내용인식에 따른 환경NGO 참여만족도

참여활동인식	빈도	%	평균	표준편차	F	LSD (1) (2) (3) (4)			
(1) 50점 이하	60	28.4	70.63	8.96		(1)			
(2) 51-55 이하	78	37.0	79.18	6.50	43.75**	(2) ☆			
(3) 56-60 이하	60	28.4	83.23	5.77		(3) ☆	☆		
(4) 60점 이상	13	6.2	90.62	9.48		(4) ☆	☆	☆	
계	211	100.0	78.61	9.27					

** p<.01   ☆ LSD 검증결과 5% 수준에서 유의차 있음

활동내용인식의 점수는 최저 15점에서 최고 75점까지 분포하는데 활동내용인식의 점수가 60점 이상 집단이 만족도는 90.62점으로 가장 높았고, 56-60점 이하 집단이 83.23점, 51-55점 이하 집단이 79.18점, 50점 이하 집단이 70.63점으로 나타났다. 참여활동인식에 따른 환경NGO 활동 참여만족도 수준이 차이가 나는지 사후검증을 실시한 결과 50점 이하 집단과 51-55점 이하 집단, 56-60점 이하 집단, 60점 이상 집단 간에 1% 수준에서 통계적으로 유의한 차가 있었으며, 51-55점 이하 집단과 56-60점 이하 집단, 60점 이상 집단 간에, 56-60점 이하 집단과 60점 이상 집단 간에 1% 수준에서 통계적으로 유의차가 있었다. 이는 활동인식이 긍정적인 것에 따라 만족도에 유의미한 영향을 끼친다고 밝힌 김상욱(1990), 홍승혜(1995), 권지성(1999), 이종혜(2001), 이근주(2002)의 결과와 같았다.

이러한 결과를 통해 환경NGO 활동에 참여하는 사람들은 활동에 대해 긍정적인 인식을 가지고 활동을 전개할 때 참여자들의 참여만족도가 높아짐을 알 수 있었다. 이에 환경NGO는 활동 참여자들이 활동에 관련된 독립성을 확보하고, 그들의 활동이 다른 사람들에게 긍정적으로 기여하고 있다고 인식하도록 해야 할 것이다. 결과적으로 환경NGO에서는 이를 바탕으로 참여자들이 활동에 대해 흥미를 가지며, 긍정적인 인식을 가질 수 있도록

지속적인 교육과 활동에 필요한 정보 등을 제공해야 할 것이다.

3. 대인관계변인과 환경NGO 활동 참여만족도

조사대상자들의 환경NGO 활동 지지와 참여만족도 수준을 분석한 결과 다음 〈표 Ⅳ-13〉와 같다. 우선 가족의 지지 점수는 최하 4점에서 20점까지 분포하는데 가족의 지지에 따른 참여만족도 수준을 보면 18점 이상의 집단이 만족도가 81.60점으로 가장 높고, 16-17점 집단이 79.86점, 14-15점 집단이 79.12점, 11-13점 집단이 78.78점, 10점 이하 집단이 66.93점 순으로 나타났다. 가족지지 점수에 따른 환경NGO 활동 참여만족도 수준이 차이가 나는지 사후검증을 실시한 결과 10점 이하 집단과 11-13점 집단, 14-15점 집단, 16-17점 집단, 18점 이상 집단 간에 1% 수준에서 통계적으로 유의차가 있었다.

이와 같은 결과는 가족지지가 참여만족에 긍정적으로 영향이 있다고 밝힌 권지성(1999), 김혜경(1999), 우태주(1999), 김소영(2000), 이종혜(2001)의 연구결과와 같았다. 이를 통해 알 수 있는 것은 가족들의 정서적인 지지와 승인은 활동 참여자들이 활동을 하면서 겪는 어려운 상황을 극복해 나가는 데 긍정적인 힘이 된다. 특히 자신이 소중하게 생각하는 개인이나 집단으로부터 지지를 받는 것은 참여활동을 지속하는 데 중요한 변인이 된다(우태주, 1999). 특히 가족과 활동의 지속도에 관한 이수영(1991)의 연구에서도 활동 중단자와 지속자 간의 가족 호응도의 경우 지속자가 중단자에 비해 가족의 호응도가 높은 것으로 나타났다. 이처럼 가족의 지지나 호응은 활동의 지속과 중단에 큰 영향을 미침을 알 수 있다. 이러한 것을 바탕으로 환경NGO에서는 활동 참여자들의 활동에 있어서 가족들의 지지와 관심을 유인해 낼 수 있는 방안을 제시하고, 참여자들의 활동에 가족들이 함

114

께 참여할 수 있는 다양화된 프로그램을 제공하도록 해야 할 것이다.

〈표 Ⅳ-13〉 활동지지에 따른 환경NGO 활동 참여만족도

활동지지	점 수	빈도(%)	평균	표준편차	F	LSD (1)(2)(3)(4)(5)
가족지지	(1) 10점 이하	15(7.1)	66.93	12.66	7.66**	(1)
	(2) 11-13	63(29.9)	78.78	9.55		(2) ☆
	(3) 14-15	50(23.7)	79.12	8.37		(3) ☆
	(4) 16-17	63(29.9)	79.86	6.58		(4) ☆
	(5) 18점 이상	20(9.5)	81.60	9.40		(5) ☆
친구지지	(1) 10점 이하	18(8.5)	72.33	13.46	3.45**	(1)
	(2) 11-13	69(32.7)	77.54	9.91		(2) ☆
	(3) 14-15	48(22.7)	80.94	7.57		(3) ☆☆
	(4) 16-17	66(31.3)	79.73	7.34		(4) ☆
	(5) 18점 이상	10(4.7)	78.70	10.25		(5)
환경활동 지지	(1) 11-25	57(27)	74.75	12.08	4.99**	(1)
	(2) 26-30	77(36.5)	79.43	7.17		(2) ☆
	(3) 31-35	69(32.7)	80.67	7.69		(3) ☆
	(4) 36-40	8(3.8)	80.38	10.07		(4)
계		211(100.0)	78.61	9.26		

** p<.01　　☆ LSD 검증결과 5% 수준에서 유의차 있음

친구의 지지 점수는 최하 4점에서 최고 20점까지 분포하는데 이를 토대로, 친구의 지지 점수에 따른 참여만족도 수준을 보면, 우선 14-15점 이하 집단이 만족도가 80.94점으로 가장 높았고, 16-17점 이하 집단이 79.73점, 18점 이상 집단이 78.70점, 11-13점 이하 집단이 77.54점, 10점 이하 집단이 72.33점 순으로 나타났다. 친구지지 점수에 따른 환경NGO 활동 참여만족도 수준이 차이가 나는지 사후검증을 실시한 결과 10점 이하 집단과 11-13점 집단, 14-15점 집단, 16-17점 집단 간에, 11-13점 이하 집단과 14-15점

이하 집단 간에 1% 수준에서 통계적으로 유의차가 있었다.

　이러한 결과는 친구의 지지가 만족도에 영향을 미친다고 한 이종혜(2001)의 연구와 같았고, 친구의 지지는 참여만족도에 영향을 끼치지 못한다고 한 권지성(1999)과는 달랐다. 위와 같은 결과를 바탕으로 환경NGO는 활동 참여자들로 하여금 그들이 중요하게 생각하는 친구나, 동료들이 자신의 활동에 대해서 지지와 지원을 한다거나, 자신들의 활동에 대해 많은 조언을 해준다거나, 자신들의 활동에 대해 인정을 받는다거나 하는 것은 참여자들의 활동을 정당화시켜주고 만족을 느끼게 하는 중요한 요인임을 알고, 친구와 동료들의 지지와 호응을 이끌어 낼 수 있는 방안을 모색해야 할 것이다.

　환경활동지지 점수에 따른 참여만족도 수준을 보면 31-35점 이하 집단이 80.67점으로 가장 높았고, 36-40점 이하 집단이 80.38점, 26-30점 이상 집단이 79.43점, 11-25점 이하 집단이 74.75점 순으로 나타났다. 환경활동지지 점수에 따른 환경NGO 활동 참여만족도 수준이 차이가 나는지 사후검증을 실시한 결과 11-25점 이하 집단과 26-30점 이하 집단, 31-35점 이하 집단 간에 1% 수준에서 통계적으로 유의차가 있었다.

　위의 결과를 토대로 환경NGO 활동 참여자들의 만족도를 높이기 위해서는 가족과 친구 및 동료의 관심과 지지를 이끌어 내는 것이 중요하고, 더 나아가 이들의 참여를 유도해 낼 수 있는 방안을 모색해야 할 것이다.

4. 참여행태변인과 환경NGO 활동 참여만족도

(1) 참여기간에 따른 환경NGO 참여만족도

환경NGO 활동에 참여하고 있는 조사대상자들의 참여기간에 따른 참여만족도 수준을 분석한 결과는 〈표 Ⅳ-14〉이다. 13-24개월 이하 집단이 80.79점으로 가장 높았고, 37-48개월 이하 집단이 80.74점, 25-36개월 이하 집단이 79.72점, 49개월 이상 집단이 79.28점, 12개월 이하 집단이 74.98점 순으로 나타났다.

본 연구에서 나타난 결과는 김상욱(1990)의 연구에서와 비슷한 결과이다. 김상욱의 연구에서는 자원봉사자 총 102명의 활동지속기간을 분석한 결과 6개월 미만이 39(38.2%)명, 6개월 이상 12개월 미만이 23(22.6%)명으로 나타나 활동기간에 있어 1년 이하가 60.8%에 이른다. 이를 통해 알 수 있는 것은 활동에 참여하고 있는 지역사회 주민들이 지속적으로 활동하지 않고 단기간의 활동에 그치고 있음을 알 수 있었다. 이에 지역사회 주민들이 활동에 지속적으로 참여할 수 있도록 하는 방안이 요구된다.

〈표 Ⅳ-14〉 참여기간에 따른 환경NGO 참여만족도

참여기간	빈 도	백분율(%)	평 균	표준편차	F	LSD (1)(2)(3)(4)(5)
(1) 12개월 이하	60	28.4	74.98	7.65		(1)
(2) 13-24 이하	43	20.4	80.79	7.74		(2) ☆
(3) 25-36 이하	39	18.5	79.72	9.14	3.56**	(3) ☆
(4) 37-48 이하	23	10.9	80.74	7.12		(4) ☆
(5) 49개월 이상	46	21.8	79.28	12.12		(5) ☆
계	211	100.0	78.61	9.27		

** p<.01 ☆ LSD 검증결과 5% 수준에서 유의차 있음

참여기간에 따른 환경NGO 활동 참여만족도 수준이 차이가 나는지 사후검증을 실시한 결과 12개월 이하 집단과 13-24개월 이하 집단, 25-36개월 이하 집단, 37-48개월 이하 집단, 49개월 이상 집단 간에 1% 수준에서 통계적으로 유의차가 있었다.

이와 같은 결과는 참여기간이 만족도에 영향을 미치는 것으로 밝힌 이종혜(2001)의 결과와 같았다. 즉, 환경NGO 활동 참여자들이 1년 이상 비교적 오랜 기간 동안 지속적으로 참여를 하고 있는 것은 환경NGO의 활동을 통해 만족감을 느끼기 때문이라 할 수 있다. 이에, 엄미선(1985)은 활동 참여자들이 활동기관에서 실시하는 교육을 많이 받을수록 활동에 더 오래 하는 것을 밝혔으며, 특히 장기활동 참여자들이 단기 참여자들보다 활동에 대해 더 만족하고 있다고 하였다. 이를 토대로 환경NGO는 활동 참여자들이 활동을 통해 그들의 욕구가 충족될 수 있도록 하고 참여자들에 대해 끊임없이 관심을 가지고 관리를 하여 지속적인 활동으로 이어질 수 있도록 해야 할 것이다.

(2) 참여시간에 따른 환경NGO 참여만족도

〈표 Ⅳ-15〉는 조사대상자들의 월 별 참여시간에 따른 환경NGO 참여만족도 수준을 분석한 결과이다. 6-15시간 이하 집단이 80.76점으로 가장 높았고, 16-30시간 이하 집단이 79.85점, 5시간 이하 집단이 78.13점, 31시간 이상 집단이 75.54점 순으로 나타났다. 참여시간에 따른 환경NGO 활동 참여만족도 수준이 차이가 나는지 사후검증을 실시한 결과 6-15시간 이하 집단과 31시간 이상 집단 간에, 16-30시간 이하 집단과 31시간 이상 집단 간에 5% 수준에서 통계적으로 유의차가 있었다.

<표 Ⅳ-15> 참여시간에 따른 환경NGO 참여만족도

참여시간	빈 도	백분율(%)	평 균	표준편차	F	LSD (1)(2)(3)(4)
(1) 5시간 이하	68	32.2	78.13	9.98		(1)
(2) 6-15 이하	58	27.5	80.76	7.97	3.099*	(2)
(3) 16-30 이하	39	18.5	79.85	10.73		(3)
(4) 31시간 이상	46	21.8	75.54	7.58		(4) ☆ ☆
계	211	100.0	78.61	9.27		

* p<.05 ☆ LSD 검증결과 5% 수준에서 유의차 있음

(3) 참여경로에 따른 환경NGO 참여만족도

환경NGO 활동에 참여하고 있는 조사대상자들의 참여경로에 따른 참여
만족도 수준을 분석한 결과는 <표 Ⅳ-16>와 같다.

환경NGO 활동 참여경로로는 친구/회원권유로 51(24.2%)명, 기타
50(23.7%)명, 프로그램 참가 통해 28(13.3%)명, 포스터 24(11.4%)명, TV
등 언론매체와 단체장/직원권유가 각각 23(10.9%)명, 종교/사회단체
12(5.7%)명으로 나타났다.

<표 Ⅳ-16> 참여경로에 따른 환경NGO 참여만족도

참여경로	빈도	%	평균	표준편차	F	LSD (1)(2)(3)(4)(5)(6)(7)
(1) TV등 언론매체	23	10.9	84.35	6.55		(1)
(2) 포스터 등	24	11.4	81.54	11.72		(2)
(3) 프로그램 참가 통해	28	13.3	78.57	10.66		(3) ☆
(4) 친구/회원권유	51	24.2	78.22	7.76	5.532**	(4) ☆
(5) 종교/사회단체	12	5.7	85.33	12.49		(5) ☆☆
(6) 단체장/직원권유	23	10.9	73.61	6.26		(6) ☆☆ ☆☆☆
(7) 기타	50	23.7	75.66	7.49		(7) ☆☆ ☆
계	211	100.0	78.61	9.27		

** p<.01   ☆ LSD 검증결과 5% 수준에서 유의차 있음

참여경로에 따른 참여만족도를 보면, 종교나 사회단체의 권유 집단이 85.33점으로 가장 높았고, TV(케이블), 라디오, 신문(지역 포함)등 언론매체 집단이 84.35점, 전단, 포스터 등 단체 홍보물 집단이 81.54점, 단체의 프로그램 참가를 통해 집단이 78.57점, 친구나 기존 회원의 권유 집단이 78.22점, 기타 집단이 75.66점, 단체장과 단체직원의 권유 집단이 73.61점 순으로 나타났다. 참여경로에 따른 환경NGO 활동 참여만족도 수준이 차이가 나는지 사후검증을 실시한 결과 TV(케이블), 라디오, 신문(지역 포함) 등 언론매체 집단과 단체의 프로그램 참가를 통해 집단, 친구나 기존 회원의 권유 집단, 단체장 및 단체직원의 권유 집단, 기타 집단 간에 1% 수준에서 통계적으로 유의차가 있었다.

또한 전단, 포스터 등 단체 홍보물 집단과 단체장 및 단체직원의 권유 집단, 기타 집단 간에, 단체의 프로그램 참가를 통해 집단과 종교나 사회단체의 권유 집단, 단체장 및 단체직원의 권유 집단 간에, 친구나 기존 회원의 권유집단과 종교나 사회단체의 권유 집단, 단체장 및 단체직원의 권유

집단 간에, 종교나 사회단체의 권유집단과 단체장 및 단체직원의 권유 집단, 기타 집단 간에 1% 수준에서 통계적으로 유의차가 있었다.

위와 같은 결과는 참여경로에 따라 참여만족도가 다르다고 밝힌 권지성(1999), 이종혜(2001)의 연구와 같다. 이러한 결과를 토대로 알 수 있는 것은 종교 및 사회단체와 TV 및 기타 언론매체를 통해 활동에 참여한 사람들의 만족도가 높았다. 이를 토대로, 환경NGO에서는 지역사회 주민들이 참여할 수 있는 경로를 다양화하여 참여를 촉진해야 할 것이다.

(4) 참여동기 유형과 환경NGO 활동 참여만족도

참여동기에 따른 지역사회 주민들의 환경NGO 활동 참여만족도를 분석한 결과는 〈표 Ⅳ-17〉와 같다.

〈표 Ⅳ-17〉 참여동기 유형에 따른 환경NGO 활동 참여만족도

동 기	빈 도(N)	백분율(%)	평 균	표준편차	F
(1) 외부적 기대	23	10.90	78.74	7.86	
(2) 전문성 함양	10	4.74	78.30	10.70	
(3) 사회적 접촉	34	16.11	80.47	13.50	0.825
(4) 사회적 자극	11	5.21	76.18	6.79	(N.S)
(5) 지역사회봉사	98	46.45	78.99	8.43	
(6) 지적 흥미	35	16.59	76.49	7.52	
계	211	100.0	78.61	9.27	

참여동기로는 지역사회봉사 98(46.45%)명, 지적 흥미 35(16.59%)명, 사회적 접촉 34(16.11%)명, 외부적 기대 23(10.90%)명, 사회적 자극 11(5.21%)명, 전문성 함양 10(4.74%)명으로 나타났다. 참여동기에 따른 참

여만족도 수준은 사회적 접촉이 80.47점으로 가장 높았으며, 지역사회봉사가 78.99점, 외부적 기대가 78.74점, 전문성 함양이 78.30점, 지적 흥미가 76.49점, 사회적 자극이 76.18점 순으로 나타났으며, 각 참여동기에 따른 환경NGO 활동 참여만족도 수준이 차이가 나는지 사후검증을 실시한 결과 각 동기간에는 통계적으로 차이가 나타나지 않았다.

이는 참여동기가 참여만족도와 관련이 없다고 밝힌 최순옥(1999), Black과 DiNitto(1994)의 연구결과와 같았고, 참여동기에 따라 참여만족도에 차이를 보인 홍승혜(1995), 권지성(1999), 김소영(2000), 이종혜(2001), 이근주(2002), Brown과 Zahrly(1989), Clary et al.(1998), Mesch et al.(1998)의 연구와는 달랐다.

이러한 결과를 토대로 환경NGO에서는 활동에 참여하고 있는 사람들이 활동을 통해 지역사회에 기여할 수 있을 뿐만 아니라 이를 통해 지적 흥미를 충족시켜주고, 사회적 접촉을 원활히 할 수 있도록 프로그램을 다양화해야 할 것이다. 환경NGO 활동에 참여하고 있는 사람들은 단순히 남을 위한 활동뿐만 아니라 그 이상의 의미를 지니고 있다는 것을 항상 명심하여, 그들의 다양한 욕구를 충족시켜주어야 할 것이다.

5. 개인적 특성에 따른 환경NGO 활동 참여만족도

가. 성별에 따른 환경NGO 활동 참여만족도

〈표 Ⅳ-18〉 성별에 따른 환경NGO 활동 참여만족도

성 별	빈 도(N)	백분율(%)	평 균	표준편차	t
남	112	53.08	77.08	9.44	-2.578
녀	99	46.92	80.33	8.80	(N.S)
계	211	100.0	78.71	9.12	

〈표 Ⅳ-18〉는 조사대상자들의 성별에 따른 환경NGO 활동 참여만족도 수준을 측정한 결과이다. 여성의 참여만족도 평균 점수가 80.33으로 남성의 77.08보다 높게 나타났다. 그러나 이러한 결과는 통계적인 유의차가 없었다. 이는 성별에 따라 만족도에 차이가 없다고 밝힌 김상욱(1990), 권지성(1999), 이근주(2002)의 연구와 같은 결과로, 환경NGO 활동에 참여하고 있는 사람들은 활동을 통해 얻는 만족감에 있어서는 성별에 따라 차이가 없음을 알 수 있었다.

나. 결혼유무에 따른 환경NGO 활동 참여만족도

환경NGO 활동에 참여하고 있는 지역사회 주민들의 결혼유무에 따른 참여만족도 수준을 측정한 결과 〈표 Ⅳ-19〉와 같다.

<표 Ⅳ-19〉 결혼유무에 따른 환경NGO 활동 참여만족도

결혼유무	빈 도(N)	백분율(%)	평 균	표준편차	t
기 혼	145	68.72	78.10	9.30	-1.170
미 혼	66	31.28	79.71	9.17	(N.S)
계	211	100.0	78.91	9.24	

위의 〈표 Ⅳ-19〉와 같이 환경NGO 활동에 참여하고 있는 기혼은 145(68.72%)명, 미혼 66(31.28%)으로 나타났으며, 미혼의 참여만족도 평균 점수가 79.71로 기혼의 78.10보다 높게 나타났지만 1% 수준에서 통계적인 유의차가 없었다. 이러한 결과는 김상욱(1990)과 같은 결과로 기혼이든 미혼이든 환경NGO 활동을 통해 얻는 만족도에는 차이가 없음을 의미한다.

다. 연령에 따른 환경NGO 활동 참여만족도

연령에 따라 환경NGO 활동 참여만족도의 수준의 차이가 나는지를 알아본 결과 〈표 Ⅳ-20〉과 같다.

연령이 36-45세 미만이 참여만족도가 79.05점으로 가장 높았고, 26-35세 이하가 78.78점, 25세 이하가 78.14점, 45세 이상이 77.00점으로 나타났다. 하지만 이러한 결과는 각 집단 간 환경NGO 활동 참여만족도 수준에는 통계적인 유의차가 없었다. 이는 연령에 따라 참여만족도에 차이가 있다고 밝힌 엄미선(1985), 장묘욱(1992), 이성록(1993), 홍승혜(1995), 임광명(2000), 이종혜(2001)의 연구와는 다른 결과이고, 연령에 따라 참여만족도에 차이가 없다고 밝힌 김상욱(1990), 박정희(1994), 최순옥(1999), 김소영(2000), 이근주(2002), Gidron(1984)과는 같은 결과이다. 이를 통해 알 수

있는 것은 환경NGO 활동에 참여하고 있는 다양한 연령대의 참여자들은
활동에 통해 얻는 만족감에 차이가 없음을 알 수 있다.

<표 Ⅳ-20> 연령에 따른 환경NGO 활동 참여만족도

연 령	빈 도(N)	백분율(%)	평 균	표준편차	F
(1) 25세 이하	28	13.27	78.14	10.29	
(2) 26-35	65	30.81	78.78	9.89	.789
(3) 36-45	93	44.08	79.05	9.05	(N.S)
(4) 45세 이상	25	11.85	77.00	7.32	
계	211	100.0	78.61	9.27	

라. 교육수준에 따른 환경NGO 활동 참여만족도

<표 Ⅳ-21>는 교육수준에 따라 환경NGO 활동 참여만족도의 수준의 차
이가 나는지를 알아본 결과이다. 대졸 이상이 79.10점으로 가장 높았고, 고
졸이 78.43점, 전문대졸이 76.59점 순으로 나타났다.

이와 같은 결과는 각 집단 간 환경NGO 활동 참여만족도 수준에는 통계
적인 유의차가 없었으며, 장묘욱(1992), 최순옥(1999), 김소영(2000), 임광
명(2000), 이종혜(2001), 이근주(2002)와 같은 결과이다. 이는 학력분포가
고졸 이상의 비교적 높은 집단의 응답자가 대부분을 차지하고 있기 때문에
학력에 따른 만족도의 차이는 없는 것으로 보인다.

〈표 Ⅳ-21〉 교육수준에 따른 환경NGO 활동 참여만족도

교육수준	빈 도(N)	백분율(%)	평 균	표준편차	F
(1) 고 졸	46	33.82	78.43	10.95	
(2) 전문대졸	29	13.74	76.59	9.21	.885 (N.S)
(3) 대졸 이상	136	64.45	79.10	8.66	
계	211	100.0	78.61	9.27	

마. 종교에 따른 환경NGO 활동 참여만족도

지역사회 주민들의 종교에 따른 환경NGO 활동 참여만족도의 수준의 차이가 나는지를 알아본 결과 〈표 Ⅳ-22〉과 같다.

〈표 Ⅳ-22〉 종교에 따른 환경NGO 활동 참여만족도

종 교	빈 도(N)	백분율(%)	평 균	표준편차	F
(1) 기독교	73	34.60	79.81	8.40	
(2) 불 교	46	21.80	78.65	8.31	0.842
(3) 천주교	23	10.90	76.74	9.18	(N.S)
(4) 무 교	69	32.70	77.93	10.70	
계	211	100.0	78.61	9.27	

위의 〈표 Ⅳ-22〉와 같이 기독교가 참여만족도 79.81점으로 가장 높았고, 불교가 78.65점, 무교가 77.93점, 천주교가 76.74점 순으로 나타났으며, 이러한 결과는 각 집단 간 환경NGO 활동 참여만족도 수준에는 통계적인 유의차가 없었다. 이는 종교가 만족도에 영향을 미친다고 한 이성록(1993), 홍승혜(1995)와는 다른 결과이고, 권지성(1999), 최순옥(1999), 김소영(2000),

이종혜(2001)의 결과와는 같았다. 종교를 가지고 있는 참여자들이 환경
NGO 활동을 통해 얻는 만족도에는 차이가 없음을 알 수 있다. 하지만 종
교단체를 통해 참여하게 된 사람들이 만족도에 영향을 끼치는 것으로 나타
났으므로, 환경NGO는 종교단체를 이용한 참여를 유도하고 이들이 가지고
있는 종교에 맞는 행동 실천을 할 수 있도록 해 활동에 따른 만족도를 높
여야 할 것이다.

바. 소득에 따른 환경NGO 활동 참여만족도

환경NGO 활동에 참여하고 있는 지역사회 주민들의 소득에 따라 참여만
족도 수준의 차이가 나는지를 알아본 결과 〈표 Ⅳ-23〉과 같이 400만 이상
이 82.76점으로 환경NGO 활동 만족도 수준이 가장 높았으며, 300-400 미
만이 80.50점, 250-300 미만이 80.26점, 150-250 미만이 76.67점, 150만 미만
이 72.03점으로 나타났다.

〈표 Ⅳ-23〉 소득에 따른 환경NGO 활동 참여만족도

소 득	빈도(N)	백분율(%)	평 균	표준편차	F	LSD (1)(2)(3)(4)(5)
(1) 150만 미만	35	16.59	72.03	10.56		(1)
(2) 150-250 미만	46	21.80	76.67	7.15		(2) ☆
(3) 250-300 미만	43	20.38	80.26	8.28	8.750**	(3) ☆
(4) 300-400 미만	50	23.70	80.50	8.17		(4) ☆ ☆
(5) 400만 이상	37	17.54	82.76	9.40		(5) ☆ ☆
계	211	100.0	78.61	9.27		

** $p < .01$ ☆ LSD 검증결과 5% 수준에서 유의차 있음.

소득에 따라 환경NGO 활동 만족도 수준이 차이가 나는지 사후검증을 실시한 결과 150만 미만 집단과, 150-250만 미만 집단, 250-300만 미만 집단, 300-400만 미만 집단, 400만 이상 집단 간에, 150-250만 미만 집단과 300-400만 미만, 400만 이상 집단 간에 1% 수준에서 통계적으로 유의차가 있었다. 그러나 150-250만 미만 집단과 250-300만 미만 집단 간에, 250-300만 미만 집단과 300-400만 미만 집단, 400만 이상 집단 간에, 300-400만 미만 집단과 400만 이상 집단 간에는 통계적인 유의차가 없었다. 이러한 결과는 소득에 따라 만족도 수준에 차이가 없이 나타난 김소영(2000), 이종혜(2001), 이근주(2002)의 연구결과와 달랐으며, 소득에 따라 만족도 수준에 차이가 있다고 한 김종순(1999:73)과는 연구결과가 같았다.

이를 토대로 해서 볼 때 환경NGO 활동에 참여하고 있는 지역사회 주민들은 소득은 참여만족도에 영향을 미치는 요인임을 알 수 있게 해 준다. 이는 환경NGO 활동에 참여하고 있는 지역사회 주민들이 다양한 소득층으로 존재하고 있으므로, 환경NGO는 모든 소득층들이 참여활동을 통해 만족을 느낄 수 있도록 그들의 요구를 파악하고 그들에 맞는 활동영역을 배정하는 등의 참여만족도를 높일 수 있는 방안을 모색해야 할 것이다.

사. 직업에 따른 환경NGO 활동 참여만족도

〈표 Ⅳ-24〉 직업에 따른 환경NGO 활동 참여만족도

직 업	빈도(N)	백분율(%)	평균	표준편차	F	LSD (1)(2)(3)(4)(5)
(1) 학생	27	12.80	76.37	9.56		(1)
(2) 전문직	46	21.80	82.65	8.85		(2) ☆
(3) 사무관리직	30	14.22	80.23	6.74	4.704**	(3)
(4) 주부	44	20.85	78.86	7.27		(4) ☆
(5) 기타	64	30.33	75.70	10.57		(5) ☆ ☆
계	211	100.0	78.61	9.27		

** p<.01 ☆ LSD 검증결과 5% 수준에서 유의차 있음.

〈표 Ⅳ-24〉는 지역사회 주민들의 직업에 따라 환경NGO 활동 참여만족도 수준의 차이가 나는지를 알아본 결과이다.

〈표 Ⅳ-24〉와 같이 전문직이 82.65점으로 환경NGO 활동 만족도 수준이 가장 높았으며, 사무관리직이 80.23점, 주부가 78.86점, 학생이 76.37점, 기타가 75.70점으로 나타났다. 직업에 따라 환경NGO 활동 만족도 수준이 차이가 나는지 사후검증을 실시한 결과 학생 집단과 전문직 집단 간에, 전문직 집단과 주부 집단, 기타 집단 간에, 사무관리직 집단과 기타 집단 간에 1% 수준에서 통계적으로 유의차가 있었다. 이러한 결과를 통해 환경NGO는 활동에 참여하는 참여자들의 직업이 다양함을 인지하고 그들의 능력을 고려하고, 그들이 원하는 활동을 하게 하여 만족도를 높일 수 있는 방안을 제공해야 할 것이다.

6. 환경NGO 활동 참여만족도와 관련 변인의 설명력

이 연구에서는 독립변인을 대인관계, 활동관계, 참여행태, 개인적 특성변인으로 구분하여 환경NGO 활동 참여만족도와의 관계를 살펴보았다. 각 독립변인들이 참여만족도 수준에 어느 정도 설명력을 가지고 있는지 알아보기 위해 사용된 독립변인들은 변인들 간의 다중공선성(multicollinearity)을 최소화할 수 있는 변인으로 추출하였다. 분석에 투입되어 사용될 변인들은 다수의 특성변인이 포함되어 있기 때문에 투입변인들 간의 다중공선성 문제가 발생할 수 있다. 다중공선성은 독립변인들 간에 선형관계가 있는 경우를 말하는 것으로, 이때 한 독립변인의 추정계수가 다른 독립변인의 추정계수에 상당한 영향을 미치게 됨으로 투입변인의 조정이 필요하다.

이를 위해, O'Conell(1986)은 각 변인에 대한 F검정을 통해 비유의적인 변인을 제외시키는 방법으로 투입변인을 선정하였고, Arguea와 Hsiao(1993)은 조건지표(Condition Index)와 분산팽창요인(Variance Proportion)을 계산하여 상호 연관성이 큰 변인들을 선정하기도 하였다.

또한 투입변인 간의 상호 연관성(correlation)을 분석하고, 다중공선성 문제를 경감시키기 위해 일부 변인을 분석에서 제외시키기도 한다. 이때, 보편적으로 상호 연관계수(correlation coefficient) 0.8이 사용된다(Ramanathan, 1992). 그러나 이는 변인들 간의 낮은 상관관계인 때도 다중공선성을 초래할 수 있기 때문에 변인선정에 있어서 불충분하다(Mansfield & Helms, 1982). 따라서 본 연구에서는 모수추정치에 대한 허용도(Tolerance)와 분산팽창요인(Variance Inflation Factor)을 통하여 검토하였다. 모수추정치에 대한 허용도(Tolerance) 값이 0.1 이하이면 다중공선성이 있다고 할 수 있는데, 분석에 투입된 변인들의 허용도 값은 0.45 이상으로 변인들 간에 다중공선성이 나타나지 않았다.

분산팽창요인(VIF)은 회귀변수들 사이에 존재하는 공선성에 기인한 추정된 회귀 계수들의 분산 값들의 팽창 정도를 측정하는 척도로 사용되는데, Judge et al.(1985)은 분산팽창요인 값을 5로, Chatterjee와 Price(1991), Kennedy(1992)는 10을 사용하였다. 본 연구에서는 보다 엄격한 모형을 정립하기 위해 통제되는 독립변인들의 분산팽창요인을 5로 제한하여 다중공선성의 통제적 문제를 최소화 하였다. 〈표 Ⅳ-25〉에서 나타난 바와 같이 독립변인 간의 변인팽창계수는 모두 5 미만으로 독립변인 간의 다중공선성은 없는 것으로 판명되었다.

모형에서 통제된 변인들은 가족지지(FA), 친구지지(BA), 활동내용인식(AC), 참여기간(PP), 참여시간(PT), 참여동기(PM), 성별(Gender), 결혼유무(MS), 연령(Age), 소득(Income) 등이다. 이러한 변인이 환경NGO 활동 참여만족도의 영향에 관한 가설은 다음의 다중회귀방정식으로 나타낼 수 있다.

$$PS = \beta_0 + \beta_1 \times FA + \beta_2 \times BA + \beta_3 \times AC + \beta_4 \times PP + \beta_5 \times PT + \beta_6 \times PM + \beta_7 \times Gender + \beta_8 \times MS + \beta_9 \times Age + \beta_{10} \times Income + \varepsilon$$

상기 다중회귀방정식에서 표시된 부호에 대한 설명은 다음과 같다.

PS = 참여만족도	PM = 참여동기
FA = 가족지지	Gender = 성별
BA = 친구지지	MS = 결혼유무
AC = 활동내용인식	Age = 연령
PP = 참여기간	Income = 소득
PT = 참여시간	

이 변인들이 참여만족도를 어느 정도 설명하고 있는지 알아보기 위해 다중회귀분석을 실시한 결과는 〈표 Ⅳ-25〉와 같다. 〈표 Ⅳ-25〉의 회귀분석 결과에서 알 수 있듯이 투입된 독립변인인 가족지지, 친구지지, 활동인식, 참여기간, 참여시간, 참여동기, 성별, 결혼유무, 연령, 소득 총 10개의 설명변수로 구성된 이 회귀선은 결정계수(coefficient of determination: R^2) 값이 0.491(F값: 21.246, p=.000)로 나타나고 있다.

투입된 설명변인들이 종속변인인 참여만족도에 미치는 상대적 영향력을 살펴보면 활동인식이 β값 0.488로 이 모델에 있어서 가장 큰 영향을 주는 것으로 나타났으며, 이는 통계적으로도 1% 유의수준에서 유의미한 결과로 나타났다. 활동인식은 기존 연구에서도 만족도에 영향을 미치는 요인으로 강조되고 있는데 활동내용인식이 긍정적인 것에 따라 만족도에 유의미한 영향을 끼친다고 한 김상욱(1990), 홍승혜(1995), 권지성(1999), 이종혜(2001), 이근주(2002) 연구결과와 같았다. 이와 같은 결과에서 환경NGO 활동에 참여하는 지역사회 주민들은 자신들이 참여하는 활동에 대해 잘 알고 있고 긍정적으로 생각하면 만족도가 높은 것을 알 수 있었다.

〈표 Ⅳ-25〉 독립변인과 참여만족도 간의 다중회귀분석

변 인	비표준화계수		표준화계수	t	p	다중공선성	
	B	표준오차	(β)			Tolerance	VIF
상 수	11.991	7.065		1.697	.091		
가족지지	.733**	.227	.215	3.235	.001	.547	1.828
친구지지	-.013	.204	-.004	-.062	.951	.663	1.509
활동인식	.870**	.100	.488	8.703	.000	.772	1.296
참여기간	.043*	.019	.116	2.228	.027	.901	1.110
참여시간	-.021	.012	-.090	-1.758	.080	.916	1.092
참여동기	-.053	.313	-.009	-.168	.867	.877	1.141
성 별	.662	1.033	.036	.641	.523	.780	1.282
결 혼	3.450*	1.413	.173	2.441	.016	.483	2.071
연 령	-.028	.077	-.026	-.361	.718	.452	2.215
소 득	1.013**	.253	.222	4.002	.000	.788	1.270
F		Sig.	R	R^2		Adjusted R^2	
21.246		.000	.718	0.515		0.491	

**$p<.01$ *$p<.05$

따라서 환경NGO는 지역사회 주민들이 환경NGO 활동에 대해 긍정적이고 올바른 인식을 가질 수 있도록 구체적인 활동내용을 자세하게 제공해야 할 것이다.

그리고 두 번째로 참여만족도에 상대적 영향력을 미친 변인은 소득으로 β값이 0.222로 나타났으며, 이 또한 1% 수준에서 통계적으로 유의한 결과를 나타냈다. 이는 소득이 많은 사람이 환경NGO 활동에 참여함으로써 얻어지는 만족도가 더 높음을 의미한다. 이는 김종순(1999:73)의 연구에서 나타난 것과 같이 비교적 소득수준이 낮은 계층은 생계유지에 급급한 나머지

지 환경NGO 활동에 대한 참여 자체가 저조한 반면, 소득수준이 높은 계층은 환경에 대한 관심이 높을 뿐 아니라 환경NGO 활동에의 참여와 이에 따른 만족도 또한 높아지는 것을 알 수 있었다.

세 번째로 본 연구에서의 참여만족도에 영향력을 미친 변인은 가족지지로 β값이 0.215이었으며, 이는 통계적으로 1% 수준에서 유의미한 결과로 나타났다. 위와 같은 결과는 가족의 지지도가 참여만족도에 긍정적으로 영향이 있다고 한 권지성(1999), 김혜경(1999), 김소영(2000), 이종혜(2001)의 연구와 같았다. 가족지지는 환경NGO 활동에 참여하는 지역사회 주민들이 활동 시에 발생하는 불안감이나 어려움을 극복하고(우태주, 1999) 만족감을 최대화할 수 있는 중요 요인으로 작용하기 때문에, 환경NGO에서는 지역사회 주민들이 가족들과 함께 참여할 수 있는 다양화된 프로그램을 제공해야 할 것이다.

참여만족도에 네 번째로 영향력을 미친 변인은 결혼유무로 β값이 0.173이었다. 결혼유무에 따른 만족도를 t검증한 결과는 통계적으로 유의차가 없었는데, 다중회귀분석을 한 결과 통계적으로 5% 수준에서 유의미한 결과를 나타냈다. 이는 결혼을 하지 않은 미혼들이 환경NGO 활동에 참여하면서 갖는 만족도가 더 높음을 알 수 있었다. 이에 환경NGO는 미혼들이 참여할 수 있는 활동영역을 확보하고 이를 통해 만족도를 높일 수 있는 방안을 강구해야 할 것이다.

다섯 번째로 참여만족도에 영향력을 미친 변인은 참여기간으로 β값이 0.116으로 나타났으며, 5% 수준에서 통계적으로 유의미한 결과로 나타났다. 이는 참여기간이 만족도에 영향을 미치는 것으로 밝힌 이종혜(2001)의 연구를 지지하고 있다. 이를 통해 환경NGO는 활동에 참여하는 지역사회 주민들의 욕구를 충족시켜 줄 수 있는 프로그램을 끊임없이 제공하여 지속적으로 참여할 수 있도록 유인해야 할 것이다. 특히 이와 관련하여 엄미선

134

(1985)은 환경NGO에서 활동 참여자들에게 많은 교육프로그램에 참여의 기회를 제공하는 것을 제안하였다.

이상의 활동인식, 소득, 가족지지, 결혼유무, 참여기간 변인은 환경NGO 활동 참여만족도 수준에 통계적으로 유의미한 영향력을 끼치는 것으로 확인되었다.

이외 본 연구에서 투입된 독립변인들 중, 일원변량분석 시 참여만족도에 유의미한 영향을 미친 친구지지는 다중회귀분석의 결과에서 참여만족도 수준에 유의미한 영향력을 끼치지는 못하였다. 하지만 친구의 지지를 받은 활동 참여자들은 만족도가 높은 결과를 보였으므로, 친구의 지지를 얻어낼 수 있는 방안과 친구와 함께 참여할 수 있는 기회를 제공해 주어야 할 것이다.

참여시간 또한 일원변량분석을 했을 때는 참여만족도에 유의한 영향을 미쳤으나 다중회귀분석 결과 참여만족도 수준에 영향력을 끼치지 못하였다. 활동에 참여하는 시간이 많을수록 만족도가 높은 것은 아니므로, 참여자들의 상황에 맞게 적절한 활동시간을 배정해야 할 것이다.

참여동기는 본 연구에서 참여만족도에 영향을 끼치지 않은 변인으로 나타났다. 이는 참여동기에 따라 참여만족도에 차이를 보인 홍승혜(1995), 권지성(1999), 김소영(2000), 이종혜(2001), 이근주(2002), Brown와 Zahrly(1989), Clary et al.(1998), Mesch et al.(1998)의 연구결과와 달랐고, 참여동기가 참여만족도에 관련이 없다고 밝힌 최순옥(1999), Black과 DiNitto(1994)의 연구결과와는 같았다. 이와 같은 결과를 토대로 환경NGO 활동에 참여하는 지역사회 주민들의 동기가 무엇인지 정확한 파악과 그 동기를 충족시켜 줄 수 있는 방안을 마련해야 할 것이다.

본 연구에서 성별은 참여만족도에 영향을 끼치지 않은 변인으로 파악되었다. 이는 성별에 따라 만족도에 차이가 없다고 밝힌 김상욱(1990), 권지성(1999), 이근주(2002)의 연구와 같은 결과로, 환경NGO 활동에 참여하는 지역사회 주민들은 활동을 통해 얻는 만족감에 있어서 성별에 따라 차이가 없음을 알 수 있었다.

마지막으로 연령 또한 참여만족도에 영향을 끼치지 않은 변인이었다. 연령에 따라 참여만족도에 차이가 있다고 한 엄미선(1985), 장묘욱(1992), 이성록(1993), 홍승혜(1995), 임광명(2000), 이종혜(2001)의 연구와는 다른 결과이다. 이러한 결과는 연령에 따라 참여만족도에 차이가 없다고 밝힌 김상욱(1990), 박정희(1994), 최순옥(1999), 김소영(2000), 이근주(2002), Gidron(1984)의 연구와 같은 결과이다.

결과적으로 본 연구에서 참여만족도에 가장 큰 영향력을 끼치는 것은 활동에 대한 인식이었고, 소득, 가족지지, 결혼유무, 참여기간의 순으로 파악되었다.

7. 논 의

이 연구는 환경NGO 활동에 참여하는 지역사회 주민의 만족도 수준을 측정하고, 만족도에 영향을 미치는 요인들을 추출하여 이들이 만족도에 유의미한 영향을 미치는지를 분석하였다. 이 연구에서는 독립변인을 4가지 변인 즉, 활동관계변인, 대인관계변인, 참여행태변인, 개인특성변인으로 구분하였고, 이들이 만족도에 영향을 미치는지에 대해 분석하였다.

첫째, 활동관계변인인 활동영역과 활동내용인식은 참여만족도에 영향을 미치는 것으로 나타났다. 환경NGO 활동 참여자들은 현재 활동영역이 자신의 관심이나 적성, 능력에 맞는 영역에서 활동을 하면서 만족을 느끼게 된다. 따라서 활동영역에 있어서 참여자들이 참여 전에 가지고 있던 활동영역에 대한 기대와 실제 활동내용 간의 일치 정도, 그리고 활동영역과 참여자들 간의 적절성 등에 따라 만족도는 달라질 수 있다.

또한 활동내용을 참여자들이 어떻게 인식하는가에 따라 참여만족도에 차이가 있다. 즉, 수행해야 할 활동내용이 명확하게 구성되어 있는 정도나 활동의 사회적 의미와 중요성 등은 참여자의 만족도에 커다란 영향을 줄 수 있다. 이 연구를 통해 활동내용인식의 정도가 참여자의 만족도에 가장 많은 영향을 끼치는 것으로 나타나, 활동내용의 인식이 만족도에 영향을 끼친다고 밝힌 이성록(1993), 모옥희(1995), 홍승혜(1995), 정병오(1997), 권지성(1999), 이종혜(2001), Gidron(1977)의 연구결과와 같았다.

둘째, 대인관계변인으로 가족의 지지와 친구의 지지가 참여만족도에 영향을 미치는 것으로 나타났다. 환경NGO의 참여는 직업활동과는 달리 봉사와 스스로의 자발성을 중요하게 여기는 활동이기 때문에 지속성을 강제할 유인이 적다. 그러므로 활동을 지속할 수 있게 해주며, 이러한 활동을 통해서 얻는 만족도에 가족이나 친구의 지지가 중요한 역할을 하는 것으로 볼 수 있다(조휘일, 1990; 김상욱, 1990; 이성록, 1993; 홍승혜, 1995; 김혜경, 1998; 권지성, 1999; 김소영, 2000; 이종혜, 2001; Gidron, 1977).

환경NGO 활동의 참여형태에 따라 관련된 지지체계도 상이하지만 이러한 지지체계 및 지지 정도의 차이가 만족도에 영향을 줄 수 있음을 알 수 있었다. 결과적으로 환경NGO 활동에 참여하는 지역사회 주민들은 자신들의 활동을 수행하면서 사회적 지지체계 특히 가족들과의 상호작용을 통한 지지는 활동상에 어려움이나 문제가 발생했을 경우에 극복해 나감으로써 활동에 따른 만족을 느끼는 것을 알 수 있었다. 따라서 가족지지는 환경NGO 활동 참여만족도에 유의한 영향을 주는 요인임을 알 수 있었다.

따라서 참여자들의 활동영역을 그들의 적성과 관심에 맞게 배정하고, 주어진 활동내용의 수행과 관련된 정보 제공, 참여자들의 활동으로 인해 자신뿐만 아니라 사회적으로 기여하고 있다는 것 이외에 자신들의 노력과 기대하던 성과 간에 밀접한 관계가 있다는 것을 인식시켜 참여만족도를 높여야 할 것이다.

셋째, 참여행태변인인 참여기간은 참여만족도에 영향을 미치는 것으로 나타났다. 환경NGO 활동 참여자들은 활동을 통해서 욕구가 충족되면 오랜 기간 동안 조직에 머무르고 조직의 성과를 향상시킬 수 있는 가능성을 크게 갖고(Mesch et al., 1998) 있다고 볼 수 있다. 이 연구에서는 참여기간이 일년 이하인 집단과 그 이상의 집단들 간에 참여만족도가 통계적 유의한 차이를 보였다. 이와 같은 결과는 참여기간이 만족도에 영향을 미치는 것으로 밝힌 이종혜(2001)의 결과와 같았다. 즉, 환경NGO 활동 참여자들이 1년 이상 비교적 오랜 기간 동안 지속적으로 참여를 하고 있는 것은 환경NGO의 활동을 통해 자신이 기대했던 것, 또는 그 이상으로 만족하고 있기 때문이다.

넷째, 개인적 특성변인 중에서 참여만족도에 영향을 미친 변인으로는 소득과 직업으로 나타났다.

결과적으로 환경NGO 활동에 참여하고 있는 지역사회 주민의 만족도에 영향을 끼친 요인은 활동관계변인으로는 활동영역과 활동내용인식이었으며, 대인관계변인은 가족지지와 친구지지, 참여행태에서는 참여기간, 개인적 특성변인으로는 소득과 직업으로 나타났다.

V. 요약, 결론 및 제언

1. 요 약

이 연구의 목적은 환경NGO 활동에 참여하고 있는 지역사회 주민의 만족도 수준을 측정하고, 참여만족도 수준에 영향을 미치는 요인을 추출하여, 환경NGO 활동 참여만족도 수준을 높이기 위한 방안을 제시하는 데 있다. 이러한 연구목적을 달성하기 위하여 환경NGO 활동 참여만족도와 관련된 이론 및 선행연구 동향에 관한 문헌분석과 이를 검증하기 위해 환경NGO에 직접 활동하고 있는 지역사회 주민을 대상으로 실증분석을 실시하였다.

이 연구에서 사용된 질문지의 종속변인으로 환경NGO 참여만족도의 측정도구는 Moore(1985)의 도구를 중심으로 하여, Francise(1983), 최순옥(1999), 권지성(1999), 이종혜(2001)의 연구에서 사용된 도구를 수정하여 총 20문항으로 척도를 구성하였다. 독립변인에 포함되는 활동관계변인은 활동내용인식과 활동영역으로, 대인관계변인은 가족지지와 친구지지로 구분한 김혜경(1998), 권지성(1999), 김소영(2000), 이종혜(2001)의 척도를 수정하여 구성하였다. 참여실태변인으로는 참여기간, 참여시간, 참여경로(이종혜, 2001), 참여동기로 구성하였고, 참여동기 유형은 Merriam과 Caffarella(1991)가 제시한 참여동기를 요인분석한 6개 항목을 수정하여 외부적 기대, 전문성 함양, 사회적 접촉, 사회적 자극, 지역사회봉사, 지적 흥미로 구분하였다. 개인특성변인으로는 성별, 결혼유무, 연령, 교육수준, 종교, 월평균 가계소득, 직업으로 구성하였다.

이 질문지로 전국의 환경운동연합 회원들 중 직접적으로 참여하고 있는 성인남녀를 대상으로 하였으며, 전국 환경운동연합 44개의 지부에 총 300부가 배포되어 230매가 회수되었고 이 중 분석에 활용한 자료는 편집과정을 거쳐 총 211매이었다. 수집된 질문지는 SPSSWIN 프로그램을 적용하여 빈도와 백분율, 상관관계, t-test, 일원변량분석(ANOVA)과 다중회귀분석 기법을 적용하였으며, 가설을 검증하기 위한 통계적 유의수준은 5%로 하였다.

이 연구를 통해서 얻어진 결과는 다음과 같다.

1) 조사대상자의 일반적 특성을 보면, 남자 112명, 여자 99명이었으며 환경NGO 활동 참여만족도는 100점을 기준으로 여성이 80.33점으로 77.08점인 남자보다 높았다. 결혼유무에 따라 기혼 145명, 미혼 66명이었으며, 참여만족도는 미혼이 79.71점으로 78.10점인 기혼집단보다 높았다. 연령은 36세 이상에서 45세 이하가 93명(44.1%)으로 가장 많았고 만족도 수준도 79.05점으로 26-35집단의 78.78점보다 높게 나타났다. 학력은 대졸 이상이 136명(64.5%)으로 가장 많았고 참여만족도도 79.10점으로 가장 높았다. 종교는 기독교가 73명(34.6%)이었으며 참여만족도는 79.81점으로 가장 높았다. 연평균 가계소득은 300만 원 이상 400만 원 미만이 50명(23.7%)으로 가장 많았으나, 참여만족도는 400만 원 이상 집단이 82.76점으로 가장 높았다. 직업은 기타 직업이 64명(30.3)으로 가장 많았으나, 참여만족도는 전문직 집단이 82.65점으로 기타 집단 75.70점보다 높았다.

2) 환경NGO 참여활동영역에 따른 참여만족도 수준을 측정한 결과 대외적 홍보활동이 81.19점, 재정 및 연구가 81.11점, 환경교육이 81.06점 순으로 나타났다. 참여활동인식 수준의 점수에 따른 만족도 수준은 60점 이상 집단이 만족도 수준 점수가 90.62점으로 가장 높았고, 56-60점 이하 집단이

83.23점이었다.

  3) 지역사회 주민의 환경NGO 활동지지 수준 분포를 보면 20점을 기준으로 가족지지가 18점 이상 집단이 참여만족도가 81.60점으로 가장 높게 나타났으며 16-17점 집단이 79.86점으로 나타났다. 하지만 친구지지에 있어서는 14-15점 집단이 참여만족도가 80.94점으로 가장 높게 나타났고 16-17점 집단이 79.73점으로 나타났다. 환경활동지지 수준을 보면 40점 기준으로 31-35점 집단이 참여만족도가 80.67점으로 가장 높았고 36-40점 집단이 80.38점으로 나타났다.

  4) 환경NGO 참여기간과 참여만족도 수준을 측정한 결과 13-24개월 이하가 80.79점으로 가장 높게 나타났고, 37개월-48개월 이하가 80.74로 나타났다. 참여시간과 참여만족도 수준을 측정한 결과 한달에 6-15시간 이하 집단이 80.76점으로 가장 높았다. 참여경로에 따른 참여만족도 수준은 종교/사회단체를 통해 참여한 집단이 85.33점으로 가장 높았고, TV 등 언론매체를 통한 집단이 84.35점으로 나타났다. 참여동기로는 지역사회봉사 98명(46.4%), 지적 흥미 35명(16.6%), 사회적 접촉 34명(16.1%), 외부적 기대 23명(10.9%), 사회적 자극 11명(5.2%), 전문성 함양 10명(4.7%)으로 나타났다. 참여동기에 따른 만족도는 사회적 접촉 80.47점, 지역사회봉사 78.99점, 외부적 기대 78.74점 순으로 나타났다.

  5) 개인적 특성변인 중에서 소득과 직업이 참여만족도 수준과 1% 수준에서 통계적인 유의차가 있었다.

  6) 환경NGO 활동 참여만족도 수준의 변화를 예측하기 위하여 다중회귀분석을 실시하였다. 본 연구에서는 참여만족도 수준 관련 변인의 설명력을 알아보기 위해 사용된 독립변인들 간의 다중공선성(multicollinearity)의 문제를 해결하기 위해 모수추정치에 대한 허용도(Tolerance)와 분산팽창요인(Variance Inflation Factor)을 통하여 검토하였다. 이에 다중공선성에 문제

가 없는 독립변인 10개 변인을 투입한 결과 결정계수 R2값이 0.491(F값: 21.246, p=.000)로 나타나고 있으며, 또한 유의수준 p=.000이었다. 본 연구에서 사용된 독립변인들의 종속변인에 대한 영향력을 살펴보면 활동인식(β=0.488)이 이 모델에 있어서 가장 큰 영향을 주는 것으로 나타났으며, 소득(β=0.222), 가족지지(β=0.215), 결혼유무(β=0.173), 참여기간(β=0.116) 순으로 나타났다.

2. 결 론

이러한 연구의 분석결과를 바탕으로 내린 결론은 다음과 같다.

첫째, 활동관계변인과 환경NGO 활동 참여만족도와의 관계를 분석한 결과 활동내용과 활동내용인식의 정도에 따라 만족도의 차이가 있었다. 이와 관련하여 환경NGO에서는 참여자들이 활동에 참여할 때 그들의 관심과 능력을 고려하여 활동영역을 부여하고, 활동내용에 대해 명확한 인식과 소속감을 느끼게 하는 것이 참여만족도 증진에 있어 중요한 것으로 보인다. 또한 참여자가 자신의 활동내용에 대해 긍정적으로 인식할 수 있도록 활동영역 배치 전에 요구사항을 미리 파악해야 할 것이다.

이와 더불어 환경NGO에서는 참여자가 자신이 하고 있는 활동의 중요성을 인식하도록 해야 할 것이며, 그렇게 함으로써 그들이 의미 있는 일에 공헌하고 있으며, 동료들과 환경단체, 환경에 긍정적 영향을 끼친다는 느낌을 갖게 될 것이다. 또한 참여자들이 일정한 활동을 마쳤을 때 인정과 칭찬과 같은 적절한 보상이 제공되어야 하며, 그들의 활동이 중요하고 의미 있는 일이라는 것을 느끼도록, 해당 활동의 성과 및 중요성을 게시하여 자부심을 느낄 수 있도록 배려해 주는 것이 필요하다.

둘째, 대인관계변인과 환경NGO 활동 참여만족도와의 관계를 분석한 결과 가족지지와 친구지지에 따라 만족도의 차이가 있었다. 이를 통해 환경NGO는 환경NGO에서 시행하고 있는 활동내용과 성과를 적절히 홍보하여 지역사회 주민들이 자발적으로 참여하여 직접 체험할 수 있는 기회를 제공함과 동시에 가족과 친구를 초대하는 등의 행사를 통해 가족 및 친구의 지지를 높일 수 있는 방안도 마련해야 할 것이다.

셋째, 참여행태변인인 참여기간이 환경NGO 활동 참여만족도에 영향을 끼치는 것으로 보아, 환경NGO 활동에 지속적으로 참여하고 있는 참여자가 활동에 지속적으로 남아 있는 요인이 무엇인지 파악할 필요가 있고, 지역사회 내에 잠재되어 있는 활동 참여자들의 참여유도뿐만 아니라 일회성 참여자나 단기간에 참여하고 참여자들이 지속적으로 참여할 수 있는 대응방안을 마련해야 할 것이다. 또한 환경NGO들은 참여자에게 적절한 시간 동안 참여할 수 있도록 해야 하며, 활동 참여자가 부족하다는 이유로 오랫동안 활동에 참여하도록 해서는 안 된다. 이와 더불어 환경NGO 활동에 참여하고자 하는 욕구는 있지만 구체적으로 실천에 옮기지 못하는 사람들을 위한 참여계기를 마련하여 자발적으로 참여할 수 있도록 통로를 다양화해야 할 것이다.

3. 제 언

이러한 연구의 결과를 바탕으로 후속연구와 참여만족도 재고를 위한 제언을 다음과 같이 하고자 한다.

첫째, 환경NGO 활동의 참여자들은 자신이 참여하고 있는 활동영역의 적절성과 활동에 대한 인식이 긍정적일수록 참여만족도가 높게 나타났다. 이에 환경NGO는 참여자들의 능력과 적성을 고려하여 참여자가 원하는 활동을 제공하고, 관리하는 노력을 기울여야 할 것이다. 또한 활동에 대해 긍정적으로 인식할 수 있도록 환경NGO 활동 이해에 대한 다양한 프로그램 개발과 환경NGO 내에 활동 참여자들을 조직적이고 체계적으로 관리할 수 있는 인력의 확충과 함께 지역사회 주민들이 참여할 수 있는 활동영역을 다양화하는 것이 절실히 요구된다.

둘째, 가족지지와 친구지지는 환경NGO 활동 참여만족도에 영향을 미치는 주요 변인으로 나타났으므로 참여자들이 활동하고 있는 데에 대한 가족과 친구의 지속적인 관심과 지지를 이끌어 낼 수 있어야 한다. 이에 따라 환경NGO는 참여자들이 가족, 친구 및 동료들과 같이 참여할 수 있도록 참여방법을 다양화하여 참여자들의 환경NGO 활동 참여가 지속적으로 이뤄지게 해야 할 것이다.

셋째, 활동기간은 환경NGO 활동 참여만족도와 유의한 관계를 보이고 있는데, 이는 참여자들이 비교적 자신의 활동에 대해 만족을 느껴, 오랜 기간 지속적으로 참여를 하고 있는 결과라 할 수 있다. 이를 통해 환경NGO는 지역사회 주민들이 지속적으로 참여할 수 있도록 다양한 프로그램을 제공하고, 그들이 처한 상황을 고려하여 활동시간을 적절히 배정하며, 활동경로도 종교/사회단체, TV 등 언론매체, 포스터 등을 활발히 이용하여, 지역사회 주민들의 자발적인 참여를 촉진해야 할 것이다.

결과적으로 지역사회 주민들의 환경NGO 활동 참여만족도를 높이기 위해서는 환경NGO 활동 참여자들이 자신들의 활동이 지역사회에 공헌할 수 있으면서 동시에 다양한 사회적 접촉을 할 수 있도록 하며, 각 개인뿐만 아니라 가족 및 친구(동료)들의 지지를 얻으며 그들과 함께 할 수 있는 다양한 참여프로그램의 확충하고, 지속적인 참여활동을 할 수 있도록 참여시간 및 참여활동의 적절히 배분하는 배려와, 참여활동을 올바로 인식할 수 있도록 하는 교육프로그램 개발과 종교 및 사회단체를 통한 참여뿐만 아니라 참여경로를 다양화하고, 이러한 측면들과 맞물려 참여자가 지속적으로 참여할 수 있도록 이들의 체계적 관리가 절실히 요구된다.

끝으로, 현재 환경NGO 활동에 참여하고 있는 지역사회 주민들의 만족도에 영향력을 미치는 요인들을 통해 아직은 참여하고 있는 않은 사람들을 유도하는 데 다양한 방법들을 모색해 보아야 할 것이다.

참고문헌

고유경(1997). 자발적/비자발적 동기에 따른 대학생 사회봉사활동의 만족도에 관한 연구, 중앙대학교 대학원 석사학위논문.

공보처(1997). 시민공동체 시민운동의 새로운 지평. 서울: 공보처.

권지성(1999). 자원봉사 참여형태에 따른 대학생 자원봉사활동의 만족도. 서울대학교 대학원 석사학위논문.

권해수(1999). 시민단체의 조직화과정과 정책변화에 대한 영향력 비교 연구. 한국행정학보. 하계학술대회 발표논문집. pp.333-347.

금장수(2001). NGO가 정책결정에 미친 영향에 관한 연구. 서울대학교 대학원 석사학위논문.

김경미(1998). 대학생의 교육서비스에 대한 요구와 만족도에 관한 연구. 경희대학교 대학원 석사학위논문.

김광식(1999). 한국 NGO: 시민사회단체, 21세기의 희망인가?. 서울: 東明社.

김나라(2002). 고등학교 교사의 직무만족과 학교장의 리더십과의 관계분석. 서울대학교 대학원 석사학위논문.

김남규(2000). NGO의 역할과 발전방향에 관한 연구 - 부정부패방지활동을 중심으로. 대구대학교 대학원 석사학위논문.

김대희(1998). 민간환경단체의 환경정책에 대한 영향. 충북대학교 대학원 박사학위논문.

김병완(1998). 환경운동의 이념과 접근방법 및 전략에 관한 연구. 사회과학연구. 광주대학교 사회과학연구소. 8. pp.43-60.

김병진·소재진(2001). 환경NGO의 외국 실태에 대한 비교연구 -한국, 미국, 프랑스, 독일, 일본을 중심으로-. 행정문제연구. 경희대학교 사회과학연구원 행정연구소. 8(1). pp.21-54.

김병진·이홍가(2000). 정부와 NGO 간의 관계에 대한 이론적 고찰. 행정문제연구. 경희대학교 사회과학연구원 행정연구소. 7(1). pp.153-172.

김상욱(1990). 자원봉사활동의 만족도에 영향을 미치는 제요인. 서울대학교 대학원 석사학위논문.

김성이(1988). 자원봉사활동의 조직과 운영에 관한 조사연구. 한국사회복지협의회.

김소영(1991). 자원봉사활동에 대한 가정주부의 의식조사연구-아파트지역 주부들을 중심으로. 동국대학교 대학원 석사학위논문.

김소영(2000). 주부의 자원활동 참여동기와 만족도에 관한 연구. 서울대학교 대학원 석사학위논문.

김수진(1996). 대학생 자원봉사자의 효율적 활용방안에 관한 연구. 한양대학교 대학원 석사학위논문.

김순미(1993). 도시가계의 재정상태, 재무관리, 및 재정적 만족의 관계분석: 체계론의 적용가능성 검토. 한국가정관리학회지. 11(2). pp.195-207.

김영래(1998). 비정부조직(NGO)의 정치참여에 관한 연구. 공공정책연구. 4. pp.145-167.

김재원(1999). 체육조직구조가 직무만족에 미치는 영향. 서울대학교 대학원 석사학위논문.

김정부(2001). NGO의 조직화 방식 변화와 정부-NGO 관계에 관한 연구. 서울대학교 대학원 석사학위논문.

김종순(1995). 환경문제 해결에 있어서 NGO의 역할과 한계. 한국행정연구. 4(3). pp.44-64.

김종순(1999). 한국 NGO의 실태와 발전방향. 한국행정연구. 8(1). pp.68-88.

김준기(1998). 비영리단체(NPOs)의 생성과 일반적 행태: 주인-대리이론의 관점에서. 행정논총. 서울대학교 행정대학원 한국행정연구소. 36(1). pp.61-86.

김준기(1999a). 한국 비영리단체(NPOs)의 사회경제적 역할에 관한 연구. 행정논총. 서울대학교 행정대학원 한국행정연구소. 37(1). pp.111-135.

김준기(1999b). 정부-NGO 관계에 관한 이론적 고찰 및 정부 NGO 지원사업 분석. 한국행정학회 동계세미나 발표집. 한국행정학회. pp.665-694.

김준기(2000). 비영리부문의 성장과 정부와의 관계에 관한 연구. 한국행정학회 2000년도 기획세미나 발표논문집. pp.78-84.

김준기·김정부(2001). NGO 연구에 대한 비판적 고찰. 행정논총. 서울대학교 행정대학원 한국행정연구소. 39(3). pp.195-233.

김준기(2002). 정보통신기술(ICT)이 NGO에 미친 영향에 관한 연구. 행정논총. 서울대학교 행정대학원 한국행정연구소. 40(3). pp.25-67.

김태영(1998). 비영리부문과 정책, 도시행정연구. 서울: 서울시립대학교.

김항곤·소재진(2000). 우리나라 환경NGO의 역할 활성화 방안에 관한 연구. 행정문제연구. 경희대학교 사회과학연구원 행정연구소. 7(1). pp.211-238.

김혜경(1998). 기혼 여성의 자원봉사활동 참여 판별요인. 한양대학교 대학원 박사학위논문.

김혜경(1999). 한국 NGO의 역할과 과제. 경희대학교 대학원보. 제97호. p.6.

모옥희(1995). 사회복지 자원봉사자의 봉사활동 중단요인에 관한 연구. 동국대학교 대학원 석사학위논문.

박상필(1999a). 시민단체의 자주성과 공익활동 능력. 경북대학교 대학원 박사학위논문.

박상필(1999b). 비영리단체(NGO)의 개념틀 성립을 위한 이론적 논의. 한국행정연구. 8(2). pp.159-182.

박상필(2001). NGO에 대한 정부의 재정지원 유형 비교. 행정논총. 서울대학교 행정대학원 한국행정연구소. 39(4). pp.129-155.

박운성(1994). 현대 조직행동론. 서울: 박영사.

박이문 외 19인(1998). 녹색한국의 구상. 서울: 숲과 나무.

박정희(1994). 자원봉사활동의 만족도에 관한 연구 −대전지역 자원봉사자를 중심으로−. 한남대학교 대학원 석사학위논문.

소재진(2000). 우리나라 환경NGO의 역할 활성화 방안에 관한 연구. 행정문제연구. 경희대학교 행정연구소. 7(1). pp.115-127.

송용섭(1994). 농촌지도요원의 직무만족에 관한 연구. 서울대학교 대학원 석사학위논문.

신광영(1999). 비정부조직(NGO)과 국가정책: 외국의 사례를 중심으로. 한국행정연구. 8(1). pp.29-41.

안수향(1992). 한국 대학생 자원봉사의 동기 및 관리방안에 관한 연구. 서울여자대학교 대학원 석사학위논문.

엄미선(1985). 전화상담 자원봉사자의 욕구성향과 역할갈등에 관한 연구. 성심여자대학교 대학원 석사학위논문.

엄운섭(2000). 환경NGO의 환경정책에 대한 영향. 삼척대학교 논문집. 33(3). pp.109-140.

우태주(1999). 집단별 자원봉사활동의 중도탈락 요인에 관한 연구 −중고생, 대학생, 주부, 직장인을 중심으로−. 연세대학교 대학원 석사학위논문.

유경희(1994). 자원봉사활동의 중도탈락 요인과 대책에 관한 연구. 청주대
    학교 대학원 석사학위논문.

윤익수(1981). 공무원의 만족도와 관여도에 대한 연구. 서울대학교 대학원
    석사학위논문.

이강현 외 3인(1999). '99 한국인의 자원봉사 의식 및 활동현황. (사)볼런
    티어 21.

이경연(1996). 시민운동단체의 가입동기가 단체활동 참여에 미치는 영향 -
    환경운동연합을 중심으로. 동국대학교 대학원 석사학위논문.

이근주(1999). 환경문제 해결에 있어서 NGO와 정부의 관계에 관한 연구:
    NGO의 자율성과 효과성을 중심으로. 서울: 한국행정연구원.

이근주(2002). 조직참여동기와 만족요인에 관한 연구: AmeriCorps 참여를
    중심으로. 한국행정연구. 11(1). pp.120-144.

이선주(1996). 대학생의 자원봉사 활동에 관한 인식 및 태도 조사연구. 중
    앙대학교 대학원 석사학위논문.

이성록(1993). 자원봉사자의 활동실태와 효율적 활용체계. 대구대학교 대학
    원 석사학위논문.

이성화(2002). 숲 가꾸기 자원봉사 프로그램의 만족도에 관한 연구: 산
    림·국립공원 분야 활용을 고려하여. 서울대학교 대학원 석사학위논
    문.

이수영(1991). 전화상담자원봉사자의 지속성 관리를 위한 기초조사 연구.
    서울여자대학교 대학원 석사학위논문.

이종혜(2001). 소비자단체 자원봉사회원의 참여동기와 참여만족도 연구. 서
    울대학교 대학원 박사학위논문.

이필렬 외 6인(1997). 교양 환경론. 서울: 도서출판 뜨님.

이혜연(2000). 제조물책임법 입법과정에서의 소비자단체의 정책결정 참여 분석. 서울대학교 대학원 석사학위논문.

이홍선(1998). 여성 자원봉사활동의 활성화 방안. 대구대학교 대학원 석사학위논문.

이홍재(2000). 환경정책과정에서 NGO의 역할 활성화에 관한 연구. 경희대학교 대학원 석사학위논문.

임광명(2000). 여성 학습자의 특성에 따른 인터넷교육 프로그램 만족도와 학업성취도에 관한 연구. 서울대학교 대학원 박사학위논문.

임승빈(1999). 행정과 NGO 간의 네트워크 구축에 관한 연구. KIPA 연구보고서 98-11. 한국행정연구원.

장묘욱(1992). 상담 자원봉사자의 자원봉사활동과 관련된 동기에 관한 연구. 이화여자대학교 대학원 석사학위논문.

전영평(2003). 지방정부의 거버넌스 모형 구축: 공익형 NGO의 형성 정도와 정책참여 수준을 중심으로. 행정논총. 서울대학교 행정대학원 한국행정연구소. 41(1). pp.47-71.

정무장관 제1실(1997). 시민운동활성화를 위한 민간환경단체 육성방안 연구. 서울: 정무장관 제1실.

정무장관 제2실(1993). 자원봉사활동의 실태. 서울: 정무장관 제2실.

정병오(1997). 사회복지조직의 효과적인 자원봉사 관리방안에 관한 연구. 연세대학교 대학원 석사학위논문.

정재춘 외 11인(1995). 환경학의 이해. 울산: 울산대학교 출판부.

정준금(1995). 한국의 환경운동과 환경정책. 한국사회와 행정연구. 6. pp.20-21.

조휘일(1988). 자원봉사의 동기에 관한 이론적 고찰. 서울여자대학교 논문집 17. pp.31-55.

조휘일(1990). 한국 사회복지분야의 자원봉사행동과 관련된 개인 및 조직 특성에 관한 연구. 숭실대학교 대학원 박사학위논문.

차명제(1998a). 한국 시민사회의 특성과 시민운동조직(NGOs)의 역할과 활성화 방안. 아시아시민사회연구원.

차명제(1998b). 시민단체의 안정적 재원확보 및 활성화 방안. 아시아시민사회연구원.

차용경(2000). 한국 비정부단체(NGO)의 현황과 문제점에 관한 연구. 경희대학교 대학원 석사학위논문.

최순옥(1999). 자원봉사자의 봉사활동 만족도에 영향을 미치는 요인에 관한 연구 -지역사회복지관을 중심으로-. 이화여자대학교 대학원 석사학위논문.

최열(1999). 환경문제 해결을 위한 국회와 환경단체의 역할. 한국정치학회 국회학술회의. 한국정치학회. pp.195-201.

최일섭 외 2인(1997). 서울대학교 사회봉사활동 추진방안. 서울대학교 사회복지연구소.

추 헌(1994). 조직행동론. 서울: 형설출판사.

현대사회연구소(1985). 자원봉사활동 실태 조사연구.

홍승혜(1995). 재가복지자원봉사자의 만족과 지속에 관한 연구. 이화여자대학교 대학원 석사학위논문.

환경과 공해연구회(1993). 공해문제와 공해대책. 서울: 한길사.

환경부(1998). 환경백서. 서울: 환경부.

황수연(1994). 이익집단의 형성과 성장의 요인에 관한 연구 -경제단체들과 환경단체들을 중심으로-. 서울대학교 대학원 박사학위논문.

황준오(1998). 농업고등학교 교사의 자아 효능감과 직무만족과의 관계분석. 서울대학교 대학원 석사학위논문.

Adams, J. S. (1963). Wage Inequity, Productivity, Work Quality. *Industrial Relations.* 3. pp.9-16.

Allen, N. & Rushton, W. (1983). Personality Characteristics of Community Mental Health Volunteers: A review. *Journal of Voluntary Action Reserch.* 12(1). pp.36-49.

Arguea, N. M. & Hsiao, C. (1993). Econometric Issues of Estimating Hedonic Price Functions-With a Application to US Market for Automobiles. *Journal of Econometrics.* 56. pp.243-267.

Black, B. & DiNitto, D. (1994). Volunteer who works with survivors of rape and battering: Motivations, acceptance, satisfaction, length of service, and gender differences. *Journal of Social Service Research.* 20(1). pp.73-97.

Brenton, M. (1985). *The Voluntary Sector in British Social Services.* London: Longman.

Brown, E. P. & Zahrly, J. (1989). Nonmonetary rewards for skilled volunteer labor: A look at crisis intervention volunteers. *Nonprofit and Voluntary Sector Quarterly.* 18(2). pp.167-177.

Burr, W. R. (1970). Satisfaction with various aspects of marriage over the life cycle: A random middle class sample. *Journal of Marriage and the Family.* 32(1). pp.29-37.

Burr, W. R., Leigh, G. K., Day, R. D. and Contantine, J. (1979). *Symbolic and the Family: Contemporary Theories about the*

Family. New York: The Free Press.

Campbell, J. P. & Pritchard, R. D. (1976). *Handbook of Industrial and Organizational Psychology*. Chicago: Rand McNally.

Cnaan, R. A. & Goldberg-Glen, R. S. (1991). Measuring Motivation to Volunteer in Human Services, *Journal of Applied Behavioral Science*. 27(3). pp.269-284.

Chamber, S. M. (1991). The volunteer response to the aids epidemic in new york city: Implications for research on voluntarism. *Nonprofit and voluntary Sector Quarterly*. 20(3). pp.267-287.

Chatterjee, S. & Price, B. (1991). *Regression Analysis by Example*. New York: John Wiley and Sons.

Clary, E., G. & Miller, J. (1986). Socialization and situational influences on sustained altruism. *Child Development*. 57. pp.1358-1369.

Clary, E. G., Snyder, M. & Ridge, R. D. (1992). Volunteers motivations: A functions strategy for the recruitment, placement and retention of volunteers. *Nonprofit Management and Leadership*. 2(4). pp.333-350.

Clary, E. G., Snyder, M., Ridge, R. D., Copeland, J., Stukas, A. A., Haugen, J. & Miene, P. (1998). Understanding and Assessing the Motivations of Volunteers: A functional Approach. *Journal of Personality and Social Psychology*. 74. pp.1516-1530.

Dawis, R. V. & Lofquist, L. H. (1984). *A psychological theory of work adjustment*. Minneapolis: University of Minnesota Press.

Dumazedier, J. (1974). *Sociology of Leisure*. New York: Elsevier.

Francise, G. R. (1983). The Volunteer Needs Profile: A Tool for Reducing Turnover. *Volunteer Administration*. 16(2). pp.17-33.

156

Frank, J. L. (1989). *Psychology of Work Behavior*. 4th edition. Pacific Grove, California: Brooks/Cole Publishing Company.

Gellerman, S. W. (1968). *Management by motivation*. New York: American Management Association.

Gidron, B. (1977). Volunteer work and its rewards. *Volunteer Administration*. 11. pp.18-32.

Gidron, B. (1983). Sources of Job Satisfaction Among Service Volunteers. *Journal of Voluntary Action Research*. 12(1). pp.20-35.

Gidron, B. (1984). Predictors of Retention and Turnover among Service Volunteer Worker. *Journal of Social Service Research*. 8(1). 1-16.

Gorman, R. (1984). *Private Voluntary Organizations in a Changing Social Economy*. Boulder, Colorado: Westview Press.

Hall, D. (1987). A Historical Overviews of the Private Non-Profit Section. in Powell, W(ed.). *The Nonprofit Sector: A Research Handbook*. New Haven: Yale University Press.

Heneman, H. G. (1985). Pay Satisfaction. Research in personal and human resources management. 3. pp.115-139.

Herzberg, F. Mausner, B. & Snydeerman, B. B. (1959). *The motivation to work*. New York: John Wiley & Sons.

Homans, G. (1961). *Social behavior: It's elementary forms*. New York: Har Brace.

Houle, C. O. (1961). *Inquiring mind*. Madison: University of Wisconsin Press.

Hunt, G. L. (1993). Equilibrium and Disequilibrium in Migration

Modeling. *Regional Studies*. 27. pp.341-349.

Jaques, E. (1961). *Equitable payment*. New York: Wiley.

Judge, G. G., Griffiths, W. E., Hill, R. C., Lutkepohl, L. and Lee, T. S. (1985). *The Theory and Practices of Econometrics*. New York: John Wiley and Sons.

Karten, D. (1990). *Getting to the 21st Century: Voluntary Action and the Global Agenda*. Connecticut: Kumarian Press.

Katzell, R. A. (1964). Personal values, job satisfaction, and job behavior. in H. Borrow (ed.), *Man in world of work*. Boston: Houghton Mifflin. pp.341-363.

Kennedy, P. (1992). *A Guide to Econometrics*. Cambridge, Massachusetts: The MIT Press.

Klenderman, B. (1984). Mobilization and Participation: Social Psychological Expansions of Resource Mobilization Theory. *American Sociological Review*. 49(Oct). pp.583-600.

Knoke, D. & Wright-Isak, C. (1982). Individual motives and Organizational Incentive Systems. *Research in the Sociology of Organizations*. 1. pp.209-254.

Kramer, R. M. (1970). *Community Development in Israel and the Netherlands*. Berkley: University of California Press. Institute of International Studies.

Kramer, R., Lorentzen, H., Melief, M., and Pasquinelli, S. eds. (1993). *Privatization in Four European Countries: Comparative Studies in Government-Third Sector Relationships*. New York: M.E. Sharpe.

Lawler, E. E. (1971). *Pay and Organizational Effectiveness: A*

Psychological View. New York: McGraw-Hill Book Company.

Locke, E. A. (1976). The Nature and Causes of Job Satisfaction. In D. Mawin (ed.), *Handbook of Industrial and Organizational Psychology*. Dunnette, Chicago: Raud McNally.

Lohmann, R. (1992). *The Commons: New Perspectives on Nonprofit Organizations and Voluntary Action*. San Francisco: Jossey- Bass.

Mansfield, E. R. & Helms, B. P. (1982). Detecting Multicollinearity. *The American Statistician*. 36. pp.158-160.

Maslow, A. H. (1954). *Motivation and Personality*. New York: Harper & Row.

Meister, A. (1969). *Participation, animation et développement*. Paris: Editios Anthropos.

Merriam, S. B. & Caffarella, R. S. (1991). *Learning in Adulthood*. San Francisco & Oxford: Jossey-Base.

Mesch, D. J., Tschirhart, M., Perry, J. L. & Lee, G. (1998). Altruists or egoists: Retention in stipended service. *Nonprofit Management and Leadership*. 9. pp.3-21.

Miller, H. L. (1967a), *Participation of adults in education: A forcefield analysis*. Center for the Study of Liberal Education for Adults. Chicago.

Miller, H. L. (1967b). *Participation of adults on adults education*. Boston: Boston University.

Moore, L. F. (1985). *Motivating Volunteers*. The Vancouver Volunteer Centers Public.

Mueller, M. W. (1975). Economic Determinants of Volunteer Work by

Women. Signs: *Journal of Women and Culture in Society*. 1. pp.325-338.

O'Connell, J. (1986). A Hedonic Price Model of the Paris Carcase Lamb Market. *European Review of Agricultural Economics*. 13. pp.439-450.

OECD. (1988). *Voluntary Aid for Development: the Role of Non Governmental Organization*. Paris.

Olsen, M. J. (1965). *The Logic of Collective Action*. Cambridge, Mass: Harvard University Press.

Omoto, A. M. & Snyder, M. (1995). Sustained helping without obligation: Motivation, longevity of service, and perceived attitude change among AIDS Volunteers. *Journal of Personality and Social Psychology*. 68. pp.671-686.

Osipow, S. H. & Fitzgerald, L. F. (1996). *Theories of career development(4ed)*. Boston: Allyn & Bacon.

Pearce, J. L. (1993). *The Organizational Behavior of Unpaid Workers*. New York,: Routledge.

Phillips, M. H. (1982). Motivation and Expectation in successful Volunteerism. *Journal of Voluntary Action Research*. 11. pp.118-125.

Porter, L. W. (1961). A study of perceived need satisfaction in bottom and middle management job. *Journal of Applied Psychology*. 45. pp.1-10.

Porter, L. W. & Lawler, E. E. (1964). The Effects of Tall and Flat Organization Structures on Managerial Job Satisfaction. *Personnel*

Psychology. 17. pp.135-148.

Princen, T. & Finger, M. (1994). "Introduction", Princen, T. & Finger, M. *Environmental NGOS in World Politics: Linking the local and the global.* London and New York: Routledge.

Ragheb, M. G. (1980). Interrelationships Among Leisure participation Leisure Satisfaction and Leisure Attitudes. *Journal of Leisure Research.* 12(2). pp.138-149.

Ragheb, M. G. & Beard, J. G. (1982). Measuring Leisure Attitude. *Journal of Leisure Research.* 14(2). pp.155-167.

Ramanathan, R. (1992). *Introductory Econometrics.* San Diego: The Dryden Press.

Rubenson, K. (1978). Participation in recurrent education: Problems relating to the undereducated and underprivileged. In C. Stalford (ed.), *Adult learning needs ad the demand for lifelong learning.* Nation Institute for Education. Washington, DC.

Rubin, A. & Thorelli, I. M. (1984). Egoistic Motives and Longevity of Participation by social service volunteers. *The Journal of Applied Behavioral Science.* 20(3). pp.223-235.

Salamon, L. M. (1994). The Rise of the Nonprofit Sector. *Foreign Affairs.* 73(4). pp.109-122.

Salamon, L. M.(1995). *Partners in Public Service: Government- Nonprofit Relations in the Modern Welfare State.* The Johns Hopkins University press.

Salamon, L. M. & Anheir, H. (1996). *The Emerging Nonprofit Sector: An Overview.* London: Manchester University Press.

Schaffer, R. H. (1953). Job Satisfaction as Related to Need Satisfaction in Work. *Psychological Monographs.* 67(10). pp.

Schindler-Rainman, E. & Lippitt, R. (1984). *The Volunteer Community.* NTL. Learning Resources Corporations.

Schram, V. R. & Dunsing, M. M. (1981). Influences on Married Volunteer Work Participation. *Journal of Consumer Research.* 7(1). pp.372-379.

Smith, D. H. (1994). Determinants of Voluntary Association Participation and Volunteering: A literature review. *Nonprofit and Voluntary Sector Quarterly.* 23(3). pp.234-263.

Steinberg, R. (1990). Labor economics and the nonprofit sector: A literature review. *Nonprofit and Voluntary Sector Quarterly.* 19(2). pp.151-169.

Story, D. C. (1992). Volunteerism: The self-regarding and Other regarding aspects of the human spirit. *Nonprofit and Voluntary Sector Quarterly.* 21(1). pp.3-18.

Tschirhart, M., Mesch, D., Perry, L. J., Miller, T. K. & Lee, G. (2001). Stipended Volunteers: Their Goals, Experiences, Satisfaction and Likelihood of Future Service. *Nonprofit and Voluntary Sector Quarterly.* 30(3). pp.422-443.

United Nations (1980). *Non-Governmental Organizations Associated with the Development of Public Information NGO/DPI List.* Information for NGO Representatives. New York: United Nations.

Van Til, J. (1988). *Mapping the Third Sector: Voluntarism in a changing social economy.* New York: Foundation Center.

Vroom, V. H. (1964). *Work and Motivation.* New York: Wiley.

Wanous, J. P. (1976). Organizational entry: From naive expectations to realistic beliefs. *Journal of Applied Psychology.* 61. pp.22-29.

World Bank, 2002, http://www.worldbank.org

Wright, B. E. (2001). Public-Sector Work Motivation: A review of the Current Literature and a Revised Conceptual Model. *Journal of Public Administration Research and Theory.* 11(4). pp.559-586.

Young, P. T. (1933). *Motivation of human and animal behavior: a guide for students of psychology.* Ann Arbor: Edwards.

http://www.demos.or.kr

http://www.greenpeace.org

http://www.kfem.or.kr

http://www.kapa21.or.kr

http://www.ngo.or.kr

http://www.kngo.or.kr

질 문 지

환경NGO 활동에 참여하는 지역사회 주민의 만족도와 관련 변인에 관한 연구

안녕하십니까?

　본 질문지는 지역사회 주민의 환경NGO 활동 참여자들의 참여동기와 참여만족도에 관한 연구에 필요한 자료를 얻기 위한 것으로, 귀하의 환경NGO 활동에 관하여 몇 가지 사항을 알아보고자 합니다.
　귀하의 성의 있고 솔직한 답변은 환경NGO 연구에 귀중한 자료가 될 것이며, 응답하신 자료는 순수한 학문적 목적으로만 사용될 것입니다. 귀하가 응답하신 내용은 좋고 나쁜 답이 없으므로 생각하시는 대로 기입해 주시면 됩니다. 문항에 빠짐없이 응답해 주시면 됩니다. 시간을 내어 협조해 주셔서 대단히 고맙겠습니다.

2002년 11월 서울대학교 대학원 지역사회개발전공

박사과정 고운미
지도교수 정지웅

Ⅰ. 다음은 귀하가 환경NGO 활동에 참여하게 된 참여동기에 관련된 문항입니다. 귀하께서 환경NGO 활동에 있어서 각 항목에 대해 어느 정도 고려하셨습니까? 해당하는 곳에 √표 해 주십시오.

예〉 홍길동 씨는 일상생활이 너무 따분하고 뭔가 삶에서 탈피하고자 환경 NGO에 참여하게 되었다.

동 기	환경NGO 참여가	매우 고려함	고려 한편	그저 그렇다	고려 안함	전혀 고려안함
㉤ 사회적 자극	일상생활에서부터의 탈피 및 지루함으로부터의 전환	V				
	가정이나 일로부터 휴식을 취하기 위해		V			
	남은 생애를 보람 있게 보내기 위해			V		
① 외부적 기대	친구 및 동료(이웃)의 기대사항에 부응하기 위해					
	다른 사람의 지시에 따르기 위해					
	다른 권위자가 추천하는 것을 수행하기 위해					
	가족, 학교, 회사 등의 기대에 부응하기 위해					
② 전문성 함양	경쟁에서 뒤떨어지지 않을 기회이기 때문에					
	나의 전문성을 향상시킬 수 있기 때문에					
	나의 지식 및 기술을 활용하는 데 도움이 되기에					
	직업에서 더 높은 지위를 차지하기 위해					
③ 사회적 접촉	개인적 교제와 우정에 관한 요구를 충족시키기 위해					
	대인관계를 넓히기 위한 기회가 되기 때문에					
	집단활동이나 기호가 맞는 사람들과 어울리고자					
	새로운 사람들을 만나기 위해					
④ 사회적 자극	일상생활에서부터의 탈피 및 지루함으로부터의 전환					
	가정이나 일로부터 휴식을 취하기 위해					
	남은 생애를 보람 있게 보내기 위해					
	여가를 활용/즐기기 위해					
⑤ 지역 사회 봉사	지역사회에 봉사할 수 있는 능력을 향상시키기 위해					
	공동체에 대한 봉사를 준비하기 위해					
	환경보전, 환경예방에 도움이 되기 때문에					
	친환경적 지역사회발전에 도움이 되기 때문에					
⑥ 지적 흥미	환경정보나 환경교육을 받을 수 있는 좋은 기회가 되기 때문에					
	새로운 환경에 대한 지식을 위한 기회가 되기 때문에					
	알고 싶어 하는 마음을 충족시키기 위해서					
	학습 그 자체를 즐기기 위해					

Ⅱ. 다음 문항 등은 귀하의 환경NGO 활동과 관련해서 가족, 친구분들이 귀하에게 보여준 관심과 지지에 관한 질문입니다. 해당란 √에 표시해 주십시오.

	환경NGO 참여가	전혀 그렇지 않다	그렇지 않다	그저 그렇다	그런 편이다	매우 그렇다
1	나의 가족들은 내가 환경NGO 활동을 하고 있다는 것을 알고 있으며 그에 대해 관심을 가지고 있다.					
2	나의 가족들은 내가 환경NGO 활동을 하는 데 대해 긍정적으로 생각하고 있으며 지지해 준다.					
3	나의 가족들은 내가 하는 환경NGO 활동에 대해 조언이나 도움을 준다.					
4	나의 가족은 나와 함께 환경NGO 활동에 참여하려는 의지가 있다.					
5	내 친구들은 내가 환경NGO 활동을 하고 있다는 사실을 알고 있으며 그에 대해 관심을 가지고 있다.					
6	내 친구들은 내가 환경NGO 활동을 하는 데 대해 긍정적으로 생각하고 지지해준다.					
7	내 친구들은 내가 하는 환경NGO 활동에 대해 조언이나 도움을 준다.					
8	내 친구들은 나와 함께 환경NGO 활동에 참여하려는 의지가 있다.					

Ⅲ. 다음은 참여실태에 관한 질문입니다. 해당하는 곳에 √표 해 주십시오.

(1) 귀하는 어떤 방법을 통해서 지금 활동하고 있는 환경NGO 회원으로 가입하게 되었습니까?

　　① TV(케이블), 라디오, 신문(지역) 등 언론매체

　　② 전단, 포스터 등 단체 홍보물　　③ 단체의 프로그램 참가를 통해

　　④ 친구나 기존 회원의 권유　　⑤ 종교나 사회단체의 권유

　　⑥ 단체장 및 단체직원의 권유　　⑦ 기타(　　　　　　　　　)

(2) 귀하가 현재 활동하고 있는 환경NGO에 참여한 지는 얼마나 되셨습니까?
( )년 ( )개월

(3) 귀하는 현재 환경NGO 활동에 어느 정도 시간을 할애하고 계십니까?
① 주_____회_________시간   ② 월_____회_________시간
③ 비정기적_________시간   ④ 기타___________

Ⅳ. 다음 문항들은 귀하가 수행하고 있는 활동 관련에 관한 질문입니다.
귀하의 생각과 일치하는 곳에 √표 해 주십시오.

(1) 귀하께서 가장 많이 참여하는 활동은 무엇입니까?
① 정기총회, 대위원회, 소모임 정책토론 등
② 대외적인 토론회(공청회, 강연회, 세미나 등)
③ 단체의 대외적 홍보활동
④ 항의집회 및 시위
⑤ 성명서 발표 및 서명운동
⑥ 환경교육 프로그램 참여
⑦ 각종 환경조사 참여(수질오염, 대기오염, 각종 환경문제 등)
⑧ 기타(재정적 기여, 연구 및 리서치)

(2) 다음은 귀하의 활동인식에 관한 내용입니다. 해당사항에 √표 해 주십시오.

	내　용	전혀 그렇지 않다	그렇지 않다	그저 그렇다	그런 편이다	매우 그렇다
1	내가 환경NGO 활동 참여를 하는 데 드는 시간은 적절하다.					
2	내가 환경NGO 참여를 하는 곳까지의 거리는 적절하다.					
3	부여된 활동을 수행하기 위한 준비량과 시간은 적절하다.					
4	내가 수행하고 있는 환경보전활동 활동은 대체로 나와 잘 맞는다.					
5	내 활동은 타인으로부터 간섭을 받지 않는다.					
6	내 활동은 내가 봉사하고 있는 기관에서 중요하고 의미 있는 것으로 취급받고 있지 않다.					
7	내 활동은 내가 노력한 것의 결과를 확인하기가 어렵다.					
8	내 활동을 얼마만큼 수행하고 있는지 그때그때 충분히 파악하기 어렵다.					
9	내 활동은 많은 사람들의 환경복지에 영향을 줄 수 있다.					
10	내 활동은 시작한 일을 완전히 끝마칠 때까지 계속 참여할 수 있다.					
11	내 활동은 일을 할 때 여러 가지 것을 고려하고 생각하게 한다.					
12	내 활동은 나의 개인적인 창조성을 발휘하기에는 너무 제약이 많다.					
13	내 활동은 자원봉사활동을 하고자 하는 사람들에게 인기가 있다.					
14	내 활동은 시작과 끝이 명백하다.					
15	내 활동은 상당히 간단하고 반복적이다.					

Ⅴ. 다음은 귀하가 참여한 환경NGO 활동의 만족도에 관한 질문 문항들입니다. 귀하의 생각과 일치하는 곳에 √해 주십시오.

	내 용	매우 불만족	불만족	그저 그렇다	만족	매우 만족
1	새로운 경험 내지 새로운 것을 배우는 기회가 되었다.					
2	다른 사람들에게 관심과 배려를 보일 수 있는 기회가 되었다.					
3	여러 사람들과 사귈 수 있는 기회가 되었다.					
4	이 활동과 관련하여 다른 사람들의 기대에 부응할 수 있었다.					
5	여가선용에 도움이 되었다.					
6	개인적인 성장을 할 수 있는 계기가 되었다.					
7	지역사회 및 사회의 문제를 해결하는 데 관여 내지 참여할 수 있는 기회가 되었다.					
8	내가 누군가에게 필요하고 유용한 존재라고 느끼게 되었다.					
9	내가 맡은 환경NGO 활동을 통해 실질적인 성과가 있었다.					
10	우리 사회의 문제 해결에 기여하는 기회가 되었다.					
11	우리 사회의 구성원으로서의 소속감을 확실히 느낄 수 있었다.					
12	다른 사람의 삶에 변화를 가져오거나 문제를 해결하는 데 기여할 수 있는 기회가 되었다.					
13	나에게 잠재된 능력을 확인할 수 있는 기회가 되었다.					
14	환경NGO 활동 참여를 통해 성취감을 느낄 수 있었다.					
15	환경NGO 활동내용이 참여하고자 했던 동기와 일치한다.					
16	환경NGO 활동내용이 앞으로 나의 삶에 긍정적 효과를 줄 것이다.					
17	활동할 수 있는 공간이나 시설이 참여에 긍정적인 영향을 끼쳤다.					
18	참여활동 중 어려운 사항에 대해 환경NGO 실무자들로부터 쉽게 도움을 얻을 수 있었다.					
19	환경NGO 실무자들은 우리를 친절하게 대해 준다.					
20	환경NGO 활동을 다른 사람에게 권유하고 싶다.					

질문지 169

Ⅵ. 다음은 귀하 개인에 대한 질문입니다. 해당하는 곳에 √해 주십시오.

1) 성별   ① 남성____   ② 여성____

2) 결혼유무   ① 기혼____   ② 미혼____

3) 연령 만___세

4) 교육수준
     ① 중졸 이하___   ② 고졸___   ③ 전문대졸___   ④ 대졸 이상___

5) 종교
     ① 기독교___   ② 불교___   ③ 천주교___
     ④ 무 교___   ⑤ 기타___

6) 평균 가계소득(모든 가족원의 수입 등을 합한 월평균소득)

① 100만 원 미만		② 100-150만 원	
③ 150-200만 원 미만		④ 200-250만 원 미만	
⑤ 250-300만 원 미만		⑥ 300-400만 원 미만	
⑦ 400-500만 원 미만		⑧ 500만 원 이상	

7) 직업

① 학생		④ 주부		⑦ 무직	
② 전문직		⑤ 생산직		⑧ 기타	
③ 사무관리직		⑥ 서비스직		⑨	

- 설문에 응해 주셔서 대단히 감사합니다 -

· 저자 ·

고운미   · 약 력 ·

공주대학교 지역사회개발학과 졸업
서울대학교 대학원 교육학 농촌사회교육전공 석사
서울대학교 대학원 교육학 지역사회개발전공 박사
現 서산시청 평생학습과 평생학습센터 운영팀장

· 주요 논저 ·

「환경NGO의 사회환경교육자 양성 프로그램 분석」
「환경NGO 활동 프로그램에 참여하는 농촌지역사회주민의 동기유형에 관한 고찰」
「환경NGO의 사회환경교육 프로그램에 참여하는 성인의 동기에 관한 이론 고찰」
「환경NGO 활동 프로그램에 참여하는 주민의 만족도에 영향을 미치는 요인 분석」
「생활협동조합을 통한 환경/소비자 지향형 농업구축 방향에 관한 연구」
「환경농업에 대한 인식과 태도: 수도권 9개 생활협동조합의 사례」
「국내외 환경교육연구방법론의 동향과 과제」
외 다수

환경NGO 활동에 참여하는 지역사회
주민의 만족도에 미치는 영향 분석
-환경운동연합을 중심으로-

· 초판 인쇄	2006년 4월 30일
· 초판 발행	2006년 4월 30일
· 지 은 이	고운미
· 펴 낸 이	채종준
· 펴 낸 곳	한국학술정보㈜
	경기도 파주시 교하읍 문발리 526-2
	파주출판문화정보산업단지
	전화 031) 908-3181(대표) · 팩스 031) 908-3189
	홈페이지 http://www.kstudy.com
	e-mail(e-Book사업부) ebook@kstudy.com
· 등 록	제일산-115호(2000. 6. 19)
· 가 격	11,000원

ISBN   89-534-4966-9 93370 (Paper Book)
        89-534-4967-7 98370 (e-Book)